Photoshop CC 2017 电商美工实战基础培训教程

全视频微课版

华天印象 编著

人民邮电出版社
北京

图书在版编目（CIP）数据

Photoshop CC 2017电商美工实战基础培训教程：全视频微课版 / 华天印象编著. —— 北京：人民邮电出版社，2020.7（2024.1重印）
ISBN 978-7-115-49890-8

Ⅰ．①P… Ⅱ．①华… Ⅲ．①电子商务—网页制作工具—教材 Ⅳ．①F713.36②TP393.092.2

中国版本图书馆CIP数据核字(2018)第281905号

内 容 提 要

本书是一本电商美工实战教程，通过"案例+技巧"的方式，介绍使用 Photoshop 软件进行淘宝、天猫店铺设计的核心技术，帮助读者快速成为电商美工设计高手。

全书共 21 章，72 个实战案例，60 多个专家指点，450 多分钟高清视频，介绍了淘宝、天猫店铺设计基础知识、爆款设计技巧、配色布局方法、抠图技能、颜色调整、文字编排、广告图片特效设计、店铺基础区域设计、店招设计、导航设计、首页设计、主图设计、海报设计、详情页设计、活动设计和客服区设计等内容。本书还安排了 5 个综合实战，包括家居、食品、女装、手机及饰品等网店和微店装修设计案例，帮助读者熟练掌握网店和微店设计方法。另外，随书提供全部实战案例的素材文件和效果文件，以及操作演示视频，视频部分可扫描章前的二维码在线观看，提高学习效率。

本书适合初次开店、想要自己装修店铺的读者阅读，已经能够独立进行网店装修设计或正从事相关工作的读者可以通过本书学习到更多页面布局、配色等方面的知识。同时，本书还可以作为中职中专、高职高专等院校及社会培训机构相关专业的辅导教材。

♦ 编　　著　华天印象
　 责任编辑　张丹阳
　 责任印制　马振武

♦ 人民邮电出版社出版发行　北京市丰台区成寿寺路 11 号
　 邮编 100164　电子邮件 315@ptpress.com.cn
　 网址　https://www.ptpress.com.cn
　 北京捷迅佳彩印刷有限公司印刷

♦ 开本：700×1000　1/16
　 印张：15　　　　　　　　2020 年 7 月第 1 版
　 字数：468 千字　　　　　2024 年 1 月北京第 5 次印刷

定价：39.00 元

读者服务热线：(010)81055410　印装质量热线：(010)81055316
反盗版热线：(010)81055315
广告经营许可证：京东市监广登字 20170147 号

前言

■ 写作动机

随着电商的快速发展，网络购物已经成了人们生活中的一部分，淘宝、天猫是各类电商平台中的翘楚，然而这两大平台的迅猛发展导致商品同质化、价格透明化，这意味着卖家要想提高客流量和转化率，已经不能再像过去那样大打价格战，除了要在营销、推广等方面下功夫外，网店的装修，也就是网店的美工与广告设计成为另一个重要的着力点。

如何通过图片与文字的恰当搭配与编排，让自家店铺的商品在众多竞争对手中脱颖而出，吸引顾客点击浏览并下单购买，是每家网店进行店铺装修时都必须考虑的问题。本书基于淘宝、天猫平台，结合大量精美实例讲解了店铺美工与广告设计的重点知识与技能。

■ 本书特色

- **4篇内容**：本书结构清晰，全书共分为4篇：基础入门篇、技能提升篇、核心技术篇及综合实战篇，读者可以从零开始，掌握淘宝、天猫网店的设计核心，通过大量实战演练提高水平，学有所成。
- **5个综合案例**：5个设计门类的综合实战案例，包括家居店铺装修设计、食品店铺装修设计、女装微店装修设计、手机微店装修设计和饰品店铺装修设计。
- **72个实战案例**：本书是一本操作性很强的实用实战书，对实战案例进行了步骤分解，可以使读者很快学会淘宝、天猫店铺各个模块的制作方法，并能够独立完成整个店铺的装修流程。
- **60多个专家指点**：作者将软件中60多个实战技巧和设计经验毫无保留地奉献给读者，不仅大大丰富了本书的内容和提高了本书的含金量，更方便读者掌握实战技巧与经验，提高学习与工作效率。
- **450多分钟视频**：书中的所有实战案例及习题全部录制了视频，总时间长达450多分钟，细心讲解了每个案例的制作方法和过程，可以极大地提高读者的学习兴趣和学习效率。

■ 内容安排

- **基础入门篇**：第01~03章，讲解了淘宝、天猫店铺各个模块的内容、店铺基本装修技巧、淘宝店招、导航条、首页等设计技巧，以及淘宝店铺配色与布局方法等内容。
- **技能提升篇**：第04~08章，讲解了运用选区、路径、蒙版、通道抠图的方法，使用多种颜色调整命令美化商品图像，文字的编排与特效制作，以及店铺广告图片的特效设计等内容。
- **核心技术篇**：第09~16章，讲解了店招设计、导航设计、首页设计、主图设计、海报设计、详情页设计、促销活动设计与客服区设计等内容。
- **综合实战篇**：第17~21章，讲解了大型案例的制作，包括家居店铺装修设计、食品店铺装修设计、女装微店装修设计、手机微店装修设计、饰品店铺装修设计等内容。

■ 学习重点

本书的编写特别考虑了初学者的能力，因此对于内容有所区分。

- **进阶**：进阶内容，有一定的难度，适合学有余力的读者深入钻研。
- **重点**：重点内容，是Photoshop实际应用中使用较为频繁的命令，需重点掌握。

其他内容则为基本内容，只要熟练掌握即可满足绝大多数的工作需求。

本书由华天印象编写，参与编写的人员还有郭珍等人，在此表示感谢。由于作者知识水平有限，书中难免有疏漏之处，恳请广大读者批评、指正。

编 者
2019年12月

资源与支持

本书由"数艺设"出品,"数艺设"社区平台(www.shuyishe.com)为您提供后续服务。

学习资源

实战案例与习题的素材和效果文件

实战案例与习题的视频课程

资源获取请扫码

"数艺设"社区平台, 为艺术设计从业者提供专业的教育产品。

与我们联系

我们的联系邮箱是 szys@ptpress.com.cn。如果您对本书有任何疑问或建议,请您发邮件给我们,并请在邮件标题中注明本书书名及ISBN,以便我们更高效地做出反馈。

如果您有兴趣出版图书、录制教学课程,或者参与技术审校等工作,可以发邮件给我们;有意出版图书的作者也可以到"数艺设"社区平台在线投稿(直接访问 www.shuyishe.com 即可)。如果学校、培训机构或企业想批量购买本书或"数艺设"出版的其他图书,也可以发邮件联系我们。

如果您在网上发现针对"数艺设"出品图书的各种形式的盗版行为,包括对图书全部或部分内容的非授权传播,请您将怀疑有侵权行为的链接通过邮件发给我们。您的这一举动是对作者权益的保护,也是我们持续为您提供有价值的内容的动力之源。

关于"数艺设"

人民邮电出版社有限公司旗下品牌"数艺设",专注于专业艺术设计类图书出版,为艺术设计从业者提供专业的图书、U书、课程等教育产品。出版领域涉及平面、三维、影视、摄影与后期等数字艺术门类,字体设计、品牌设计、色彩设计等设计理论与应用门类,UI设计、电商设计、新媒体设计、游戏设计、交互设计、原型设计等互联网设计门类,环艺设计手绘、插画设计手绘、工业设计手绘等设计手绘门类。更多服务请访问"数艺设"社区平台www.shuyishe.com。我们将提供及时、准确、专业的学习服务。

目 录

基础入门篇

第01章 淘宝、天猫店铺装修新手入门

1.1 网店装修入门知识 9
  进阶 1.1.1 什么是网店装修 9
      1.1.2 网店装修的意义 10
  进阶 1.1.3 店铺装修与转化率的关系 13
1.2 网店的各模块内容 14
  重点 1.2.1 准确详细的商品信息介绍 14
      1.2.2 购买者经验的分享 14
      1.2.3 相关证书或证明的展示 14
  重点 1.2.4 店铺装修中的注意事项 14
1.3 淘宝店铺基本装修技巧 15
      1.3.1 店铺整体色调的选择 15
  重点 1.3.2 详情页面橱窗照的设计 16
  进阶 1.3.3 合理布置店铺中的各个模块 16

第02章 淘宝、天猫美工爆款设计技巧

2.1 商品图片设计的基本要求 17
      2.1.1 紧抓消费者的需求 17
      2.1.2 图片文案的重点要素 17
      2.1.3 精炼表达商品优势 17
2.2 高点击商品图片设计思路 18
      2.2.1 协调搭配颜色、字体 18
      2.2.2 抓创意素材突破口 18
      2.2.3 内容要全面且重点突出 18
      2.2.4 结构清晰且主次分明 18
      2.2.5 视觉化设计与产品介绍相结合 19
2.3 爆款产品的高级设计技巧 19
      2.3.1 利益吸引 19
      2.3.2 数字展示 19
      2.3.3 感情渲染 20
      2.3.4 理想描述 20
      2.3.5 对比策略 20
      2.3.6 主动提问 21
      2.3.7 震惊表达 21
      2.3.8 事件借力 21
      2.3.9 气氛渲染 22
      2.3.10 名人效应 22
2.4 说服买家：设计的深层逻辑 23
      2.4.1 第一步：被吸引 23
      2.4.2 第二步：感兴趣 23
      2.4.3 第三步：信心逐渐增强 23
      2.4.4 第四步：临门一脚 24
      2.4.5 第五步：强力背书 24

第03章 淘宝、天猫美工配色布局方法

3.1 色彩的基础知识 25
      3.1.1 色彩的概念 25
      3.1.2 色彩三要素 25
      3.1.3 色调的倾向 27
  进阶 3.1.4 冷色系配色的表现效果 29
  进阶 3.1.5 暖色系配色的表现效果 29
3.2 店铺配色的技巧 29
  重点 3.2.1 对比色的使用方法 29
  重点 3.2.2 色彩调和的技巧 30
3.3 店铺版式布局的方式 31
      3.3.1 运用不同字体风格打造精致店面 31
  重点 3.3.2 店铺文字的编排准则 33
      3.3.3 图文的分割方式 34
      3.3.4 文字的对齐方式 35
  重点 3.3.5 页面版式设计的原则 36
  进阶 3.3.6 图片的布局与处理 38

技能提升篇

第04章 运用抠图技能抠取商品图像

视频讲解28分钟

4.1 运用简单抠图方法抠取商品图像 40
  重点 4.1.1 实战——运用矩形选框工具抠取商品图像 40
      4.1.2 实战——运用椭圆选框工具抠取商品图像 41
  重点 4.1.3 实战——运用多边形套索工具抠取商品图像 42
      4.1.4 实战——运用磁性套索工具抠取商品图像 43

重点 4.1.5 实战——运用橡皮擦工具抠取商品图像 44
　　　4.1.6 实战——运用背景橡皮擦工具抠取
　　　　　　商品图像 45
重点 4.1.7 实战——运用魔术橡皮擦工具抠取
　　　　　　商品图像 45
　　　4.1.8 实战——运用快速选择工具抠取商品图像 46
重点 4.1.9 实战——运用魔棒工具抠取商品图像 47
4.2 运用专业抠图方法抠取商品图像 49
　　　4.2.1 实战——运用钢笔工具绘制直线路径抠取
　　　　　　商品图像 49
重点 4.2.2 实战——运用钢笔工具绘制曲线路径抠取商
　　　　　　品图像 50
　　　4.2.3 实战——运用自由钢笔工具绘制曲线路径抠
　　　　　　取商品图像 51
进阶 4.2.4 实战——运用矩形工具抠取商品图像 52
　　　4.2.5 实战——运用椭圆工具抠取商品图像 53
　　　4.2.6 实战——运用快速蒙版抠取商品图像 54
重点 4.2.7 实战——运用图层蒙版抠取商品图像 56
　　　4.2.8 实战——运用矢量蒙版抠取商品图像 57
进阶 4.2.9 实战——运用通道对比处理商品图像 58
　　　4.2.10 实战——运用通道对比处理透明
　　　　　　商品图像 59
4.3 习题 60

第05章 运用颜色调整美化商品图像
　　　　　　　　　　　　　　视频讲解 13 分钟

5.1 给商品图像填充颜色 62
　　　5.1.1 实战——更换商品图像背景 62
　　　5.1.2 实战——更换商品图像颜色 63
　　　5.1.3 实战——运用渐变工具填充渐变背景 64
5.2 调整商品图像颜色 65
　　　5.2.1 实战——运用"自动对比度"命令
　　　　　　调整商品图像对比度 65
重点 5.2.2 实战——运用"亮度/对比度"命令调整商品
　　　　　　图像明暗 65
　　　5.2.3 实战——运用"色阶"命令调整
　　　　　　商品图像亮度范围 66
重点 5.2.4 实战——运用"曲线"命令调整
　　　　　　商品图像色调 66
　　　5.2.5 实战——运用"曝光度"命令调整
　　　　　　商品图像曝光度 67

进阶 5.2.6 实战——运用"自然饱和度"命令调整商品
　　　　　　图像颜色饱和度 68
重点 5.2.7 实战——运用"色相/饱和度"命令调整商品
　　　　　　图像色调 68
进阶 5.2.8 实战——运用"色彩平衡"命令处理商品图
　　　　　　像偏色问题 69
进阶 5.2.9 实战——运用"替换颜色"命令替换商品图
　　　　　　像颜色 69
　　　5.2.10 实战——运用"可选颜色"命令改变
　　　　　　商品图像颜色 70
5.3 习题 71

第06章 店铺装修的文字编排设计
　　　　　　　　　　　　　　视频讲解 21 分钟

6.1 商品文字的输入与编辑 73
重点 6.1.1 实战——店铺商品横排文字效果的制作 73
重点 6.1.2 实战——店铺商品直排文字效果的制作 74
重点 6.1.3 实战——商品段落文字效果的制作 75
进阶 6.1.4 实战——商品文字段落属性的设置 76
进阶 6.1.5 实战——利用横排文字蒙版制作商品文字 77
　　　6.1.6 实战——文字方向互换 78
进阶 6.1.7 实战——文字沿路径排列效果的制作 79
　　　6.1.8 实战——路径文字位置的调整 80
6.2 商品文字特效的制作 81
　　　6.2.1 实战——商品文字变形效果的制作 81
进阶 6.2.2 实战——商品文字描边效果的制作 82
　　　6.2.3 实战——商品文字颜色叠加效果的制作 83
　　　6.2.4 实战——商品文字双色渐变效果的制作 83
　　　6.2.5 实战——商品文字发光效果的制作 85
6.3 习题 86

第07章 店铺广告图片的特效设计
　　　　　　　　　　　　　　视频讲解 27 分钟

7.1 广告图片简单特效的制作 88
重点 7.1.1 实战——商品广告图片复古特效的制作 88
　　　7.1.2 实战——商品广告图片冷蓝效果的制作 89
　　　7.1.3 实战——商品广告图片冷绿效果的制作 90
重点 7.1.4 实战——商品广告图片暖黄效果的制作 92
进阶 7.1.5 实战——商品广告图片怀旧效果的制作 93
7.2 广告图片复杂特效的制作 94

| 进阶 7.2.1 实战——商品广告图片拍立得效果的制作 94
| 进阶 7.2.2 实战——商品广告幻灯片展示效果的制作 96
| 进阶 7.2.3 实战——商品广告单张立体空间展示效果的制作 97
7.3 习题 99

第08章 店铺装修基础区域的设计
视频讲解 24 分钟

8.1 店铺公告栏设计 101
重点 8.1.1 了解店铺公告栏 101
进阶 8.1.2 实战——店铺公告栏的设计 101
8.2 店铺收藏区设计 104
重点 8.2.1 了解店铺收藏区 104
进阶 8.2.2 实战——店铺收藏区的设计 105
8.3 习题 108

核心技术篇

第09章 店铺完美店招设计
视频讲解 22 分钟

9.1 了解店招 110
9.1.1 设计店招的意义 110
重点 9.1.2 如何设计完美店招 110
9.2 店招设计实战 111
进阶 9.2.1 实战——设计鲜花店招 111
进阶 9.2.2 实战——设计女包店招 114
进阶 9.2.3 实战——设计食品店招 116
9.3 习题 117

第10章 方便顾客自主购物的导航设计
视频讲解 17 分钟

10.1 了解店铺导航 118
10.1.1 设计导航条的意义 118
重点 10.1.2 如何设计导航条 118
重点 10.1.3 了解导航条的尺寸规格 118
重点 10.1.4 导航条的颜色和字体风格分析 118
10.2 店铺导航设计实战 119
进阶 10.2.1 实战——设计幼教店铺导航 119

进阶 10.2.2 实战——设计女鞋店铺导航 120
10.3 习题 122

第11章 深入人心的店铺首页设计
视频讲解 23 分钟

11.1 了解店铺首页 123
重点 11.1.1 设计店铺首页的要点 123
重点 11.1.2 设计店铺首页的前期准备 123
重点 11.1.3 设计店铺首页的注意事项 123
重点 11.1.4 设计店铺首页的技巧 124
11.2 店铺首页设计实战 124
进阶 11.2.1 实战——设计饰品店铺首页 124
进阶 11.2.2 实战——设计母婴店铺首页 127
11.3 习题 130

第12章 不同类别的主图设计
视频讲解 26 分钟

12.1 了解店铺主图 132
重点 12.1.1 如何收集商品素材 132
重点 12.1.2 展示主图的方式 132
12.2 店铺主图设计实战 133
进阶 12.2.1 实战——设计帆布鞋主图 133
进阶 12.2.2 实战——设计厨具主图 138
12.3 习题 142

第13章 吸引眼球的店铺海报设计
视频讲解 29 分钟

13.1 广告海报的设计分析 143
重点 13.1.1 网络广告海报的分类 143
重点 13.1.2 广告海报设计的要点 145
13.2 店铺海报设计实战 145
进阶 13.2.1 实战——设计女鞋店铺海报 145
进阶 13.2.2 实战——设计化妆品店铺海报 149
13.3 习题 153

第14章 不拘一格的商品详情页设计
视频讲解 27 分钟

14.1 了解商品详情页面 155
重点 14.1.1 设计商品详情页面的要点 155

重点 14.1.2 展示商品图片的方式 156
重点 14.1.3 展示商品的细节 156
14.2 商品详情页面设计实战 **157**
进阶 14.2.1 实战——设计女包详情页面 157
进阶 14.2.2 实战——设计智能思维车详情页面 161
14.3 习题 **165**

第15章 吸引顾客的促销活动设计
视频讲解 27 分钟

15.1 了解店铺促销 **166**
　　15.1.1 如何制作商品促销区 166
重点 15.1.2 促销方案的设计要点 167
重点 15.1.3 促销活动的流程与类别 167
15.2 店铺促销设计实战 **169**
进阶 15.2.1 实战——设计汽车用品的促销方案 169
进阶 15.2.2 实战——设计数码产品的促销方案 173
15.3 习题 **178**

第16章 帮助顾客解惑的客服区设计
视频讲解 26 分钟

16.1 了解店铺客服 **179**
重点 16.1.1 了解客服区的设计 179
重点 16.1.2 玩转淘宝评价 180
16.2 店铺客服区设计实战 **180**
进阶 16.2.1 实战——设计清爽风格的客服区 180
进阶 16.2.2 实战——设计商品评价条 183
16.3 习题 **186**

综合实战篇

第17章 家居店铺装修设计
视频讲解 25 分钟

17.1 了解家居店铺设计布局与配色 **187**
17.2 家居店铺装修实战 **187**
　　17.2.1 导航和店招效果的制作 188
　　17.2.2 首页欢迎模块效果的制作 190
　　17.2.3 单品简介区效果的制作 191
　　17.2.4 广告海报区效果的制作 193
　　17.2.5 服务信息区效果的制作 195

第18章 食品店铺装修设计
视频讲解 32 分钟

18.1 了解食品店铺设计布局与配色 **196**
18.2 食品店铺装修实战 **196**
　　18.2.1 导航和店招效果的制作 197
　　18.2.2 首页欢迎模块效果的制作 198
　　18.2.3 商品推荐区效果的制作 200
　　18.2.4 商品展示区效果的制作 202
　　18.2.5 底部功能区效果的制作 204

第19章 女装微店装修设计
视频讲解 24 分钟

19.1 了解女装微店设计布局与配色 **206**
19.2 女装微店装修实战 **206**
　　19.2.1 店铺背景和导航条的制作 207
　　19.2.2 首页欢迎模块效果的制作 208
　　19.2.3 促销方案效果的制作 209
　　19.2.4 收藏区与广告海报效果的制作 211
　　19.2.5 商品展示区效果的制作 213

第20章 手机微店装修设计
视频讲解 26 分钟

20.1 了解手机微店设计布局与配色 **216**
20.2 手机微店装修实战 **216**
　　20.2.1 背景和店招效果的制作 217
　　20.2.2 首页欢迎模块效果的制作 219
　　20.2.3 商品展示区效果的制作 220
　　20.2.4 单品简介区效果的制作 223
　　20.2.5 商品推荐专区效果的制作 224

第21章 饰品店铺装修设计
视频讲解 34 分钟

21.1 了解饰品店铺设计布局与配色 **227**
21.2 饰品店铺装修实战 **227**
　　21.2.1 店招和导航效果的制作 228
　　21.2.2 首页欢迎模块效果的制作 231
　　21.2.3 促销方案的效果的制作 233
　　21.2.4 商品展示区1效果的制作 235
　　21.2.5 商品展示区2效果的制作 238

基础入门篇

第 01 章 淘宝、天猫店铺装修新手入门

Photoshop在淘宝网店装修的应用范围正在逐步扩展，应用形式也越来越多样，并深入到各个细节。因此，了解淘宝网店装修不仅要从Photoshop基本知识入手，还应该深入挖掘淘宝网店的市场应用及发展，这样才能在同类店铺中体现出自己的特色。本章将对网店装修的基本理论内容进行讲解，为后面的学习奠定良好的基础。

课堂学习目标

- 掌握网店装修入门知识
- 掌握选择网店整体色调的方法
- 认识网店的各模块内容
- 掌握店铺中各个模块合理布局的技巧

1.1 网店装修入门知识

网店装修是网店运营中的重要一环，店铺设计直接影响顾客对于店铺的最初印象。只有首页、详情页面等设计得美观、丰富，顾客才会有兴趣继续了解产品，只有被详情页面的描述打动了，才会产生购买欲望并下单。

1.1.1 什么是网店装修 [进阶]

网店装修实际上就是对网店中各个区域的图像进行美化，利用链接的方式对网页中的信息进行扩展，如图1-1所示。

店招导航

欢迎模块

店铺活动主题

图1-1 网店各个区域

客服区

商品展示区

图1-1 网店各个区域（续）

专家指点

对于通过网络购物的消费者来说，其花费在购物上的时间是计入购物成本的，因而卖家需要像实体店一样增加虚拟网店空间的利用率和用户的有效接触。要达成这两个目的，需要做到以下两个方面。第一，提升网店或微店空间的使用率，让单一的网店或微店能够容纳更多的产品信息；第二，在商品之间的关联和商品分类的优化上下功夫，给予消费者最大的选购空间。

由图1-1可以了解到，电商平台对店铺中的默认模块位置进行了初步的规划，店家只需要对每一个模块进行精致的设计和美化，让单一的页面呈现出丰富、全面的视觉效果，就是对其进行装修。网店是由若干单一的网页组合起来的，并且每个商品都有一个单独的详情页面，这些页面都是需要美化与修饰的，并且有大量的图片和文字信息，通过这些信息让顾客了解商品并促成交易。

网店与微店的装修就是对店铺中商品的图片、文字等内容进行艺术化的设计与编排，使其体现出良好的视觉效果。

网络上的店铺即使不做装修，也可以销售商品。现在很多电商平台的店铺都有默认的、简单的装修样式，选择默认样式后，照样可以销售商品。那么就会有人发出这样的疑问：既然可以卖东西，又何必费尽力气去装修店铺呢？

因为网络购物有自身的特殊性。在实体店中，消费者可以用自己的五官去感受商品的特点和店铺的档次，例如，通过眼睛看、嘴巴尝、手触摸和聆听等方式来了解商品。而在网上购物，买家只能通过眼睛看卖家发布的图片和文字，从这些图片和文字中感受到产品的特色。所以如何让自己的店铺能够从众多店铺中脱颖而出以吸引买家的眼球，就需要合理且美观的店铺装修。

1.1.2 网店装修的意义

网店装修对于网络点击量来说一直是一个热门话题，在店铺装修的意义、目标和内容上一直存在着众多的观点，然而不论是一个实体店面，还是一个网络店铺，它们作为交易的场所，其装修的核心是促进交易的进行。

1. 展示店铺信息，加深品牌印象

对于实体店铺来说，形象设计能使外在形象保持长期发展，为商品塑造更加完美的形象，加深消费者对企业的印象，如图1-2所示。

同样，网店的装修设计也可以起到品牌识别的作用。建立一个网络店铺，也需要设定出自己店铺的名称、独具特色的Logo和区别于其他店铺的色调和装修视觉风格。

图1-2 实体店铺形象设计

如图1-3所示，从该网店首页的装修图片中，可以提取出很多重要信息，如店铺的名称、店铺的Logo、店铺配色风格、店铺销售的商品等。

● 首页欢迎模块

顾客可以从欢迎模块中的各式图案中了解到店铺主要营业方向，也有些首页会标明商品优惠价格，如图1-4所示。

图1-3 网店首页

图1-3 网店首页(续)

图1-4 首页欢迎模块

● 店铺介绍

顾客可以从店铺介绍模块中看到店铺名称及微信公众号等信息,如图1-5所示。

图1-5 店铺介绍

● 商品推荐列表

顾客从店铺首页中的商品推荐列表中可以看到店铺销售的商品,如图1-6所示。

图1-6 商品推荐列表

> **专家指点**
>
> 网店和微店中的Logo和整体的店铺风格,一方面作为一个网络品牌容易让消费者熟知,从而产生心理上的认同;另一方面,也作为一个企业的CIS(Corporate Indentity System,企业形象识别系统),让店铺区别于其他竞争对手。

2. 展示商品详情,吸引顾客购买

在网店首页中,消费者能够获得的信息有限,鉴于网络营销的特点,电商平台都为单个商品的展现提供了单独的平台,即商品详情页面。

商品详情页面的装修直接影响到商品的销售和转换率,顾客往往是因为直观的、权威的信息而产生购买欲望,所以必要的、有效的、丰富的商品信息的组合和编排,能够加深顾客对于商品的了解。

下面展示两组不同的网店装修效果。一组是以平铺直叙的方式呈现商品的信息,如图1-7所示。

> 长袖均码(cm):衣长:62,连肩袖长:65,胸围:110,袖口围:20,下摆围:142。
> 短袖均码(cm):长:64,连肩袖长:37,胸围:112,袖口围:34,下摆围:132。
>
> 以上结果均为人工抽样测量,存在2-4cm误差,敬请谅解!

图1-7 平铺直叙呈现商品信息

而另一组则通过适当的图片与表格划分区域来表达商品的信息,如图1-8所示。通过比较会发现后者更能打动消费者。

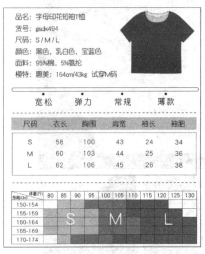

图1-8 通过图片与表格表达商品信息

通过对商品详情页面进行装修,可以让顾客更直观明了地掌握商品信息,直接决定顾客是否购买该商品。如图1-9所示,精心设计的商品详情页面让鞋子的鞋型、鞋底和减震鞋垫表现得更为直观。顾客可以在商品详情页面中了解到鞋子的材质、透气性等无法看到的信息。

图1-9 鞋子的材质、透气性等信息展示

3. 确定装修风格,突出产品特色

无论是实体店还是网店,其装修的好坏、是否能吸引顾客的眼球、是否能突出产品特色,都是至关重要的。网店装修风格的确定涉及整体运营的思路,在确定装修风格之前,需要认真思考一下自己所销售的产品最突出的特点,需要每个店家认真思考。接下来从两个方面入手,介绍如何确定网店装修风格。

● 选择合适的整体色调

色调通常指的是画面色彩的总体倾向,是大体的色彩效果。在店铺装修中,色调是指店面的总体色彩表现,是网店装修大体的色彩效果,是一种一目了然的感觉。不同色彩的网店装修画面都带有一种色彩倾向,这样的色彩现象就是色调。色调的表现在于给人一种整体的感觉,或突出青春活力,或突出酷炫科技,或突出童真活泼等。

卖家在确定网店的色调时,可以从店铺中销售的商品的颜色入手，也可以根据店铺装修确定的关键词入手。例如，确定网店装修的风格为时尚男装，则可以选择黑色、灰色等一些纯度和明度较低的颜色对装修的图片进行配色。

总之，色调的选择必须能够真正体现商品的特点、营销的特色，如图1-10所示。

●设计详情页面橱窗照

通常情况下，顾客进入一个店铺，大都是因为对其中的单个商品感兴趣，而单个商品在众多搜索出来的商品中是以主图的形式，也就是橱窗照的形式进行展示的，如图1-11所示。因此，设计详情页面橱窗照非常重要。

图1-11 橱窗照

1.1.3 店铺装修与转化率的关系

网店和微店的转化率，就是所有到达店铺并产生购买行为的人数和所有到达店铺的人数的比率。网店和微店的转化率提升了，店铺的生意也会更上一层楼。影响网店和微店转化率的主要因素如图1-12所示。

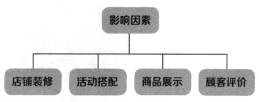

图1-12 影响网店和微店转化率的因素

店铺装修、活动搭配和商品展示都是可以通过设计装修图片来实现的，由此可见，网店装修能够直接对网店的转化率产生影响。

很多店铺的店主还停留在想尽办法要流量的阶段，流量固然是重要的，但是如果流量提升了，没有什么效果，那一切都没有意义。假如把店铺比作一个人，商品是核心，相当于人的心脏；买家进入店铺产生的流量及增加页面访问深度的路径就好比人的血液；店铺的框架就相当于人的骨骼。人好看不好看，是店铺装修。要将除了心脏以外的其他环节都梳理好，将店铺装修提升为视觉营销，才能提升店铺的销售量。

图1-10 能体现店铺商品特点与特色的设计

1.2 网店的各模块内容

淘宝店铺各个模块都有不同的作用，每个模块所传递的信息内容对消费者有很强的引导作用。本节将对淘宝店铺主要模块的重要内容做讲解。

1.2.1 准确详细的商品信息介绍　重点

在网上做买卖，最主要的是把自己的商品信息准确地传递给买家，让买家光顾自己的店铺。图片传递的只是商品的样式和颜色的信息，对于性能、材料、售后服务，买家一概不知，所以这些内容需要通过文字的描述来告诉买家。

在网上购物，商品描述是影响买家是否购买的一个重要因素，很多卖家也会在商品描述上花费大量的心思，但也有些卖家经过一段时间就会发现即使花费大量的心思也没什么效果，用户的转化率还是不高，原因是什么呢？主要还是商品描述不够详细。在介绍商品时，要为买家提供详细的商品信息，各方面的参数都要详细准确，以方便买家更准确地找到自己需要的商品。图1-13所示为详细准确的商品信息介绍。

图1-13　商品信息介绍

1.2.2 购买者经验的分享

淘宝网会员在使用支付宝服务成功完成一笔交易后，买卖双方均有权对对方交易的情况做一个评价，这个评价亦称信用评价。成交的重要因素是有良好的信用评价和口碑。已经购买商品的买家的评论对正在犹豫是否购买商品的买家起到辅助决策的作用。因为卖家提供的商品信息宣传性太强，而买家留下的评论却相对真实，如图1-14所示。

图1-14　买家的评论

1.2.3 相关证书或证明的展示

如果是玉石类商品，可以展示能够证明自己商品品质的资料，或者如实展示买家所关心的商品制作过程，这都是增强买家对卖家可信度的方法。如果电视、报纸等新闻媒体曾有所报道，那么收集这些资料展示给买家看，也是提高买家购买力的好方法，如图1-15所示。

图1-15　展示相关证书或证明

1.2.4 店铺装修中的注意事项　重点

在网上可以看到很多卖家的店铺装修得很漂亮，有些卖家甚至找专业人士装修店铺。但各种各样的店铺装修一不小心就会进入装修的误区。下面将介绍网店装修过程中常见的六大误区。

1. 店铺名称

淘宝店铺装修时店铺名称切莫过于简洁，有的店主相信简单是一种美，店名就取两三个字，殊不知淘宝平台给店主30个字的编辑空间是很重要的。例如，笔者的店铺是做手机生意的，刚开始起的名字是"通信在我家"，可是买家在搜索店铺关键词的时候，搜索手机、手机卡都是找不到的。店主给店铺起名时要利用好30个字的编辑空间，因为很多人会利用搜索店铺名称这个方法来对宝贝进行搜索。

2. 图片展示

在有些店铺的首页装修中，店标、公告及栏目分类等全都使用图片，而且这些图片都很大。这会使得买家的浏览速度变慢，可能导致买家半天都看不到栏目分类，或者是重要的公告没有看到，这样就会让买家失去等待的耐心，从而造成顾客的流失。

3. 背景音乐

背景音乐一般为几兆字节，有些加载速度是很慢的；有的背景音乐是在浏览宝贝的时候重复播放的，这一点相信很多买家都会感到厌烦。为了贴近大众和提高网页打开速度，建议不要添加背景音乐，如果一定要添加，建议在醒目的地方提醒买家按【Esc】键取消播放。

4. 店铺风格

有些卖家喜欢把店铺的颜色搭配得鲜艳亮丽，将界面做成五彩缤纷的样子。在颜色搭配方面，可使用淘宝平台提供的几种不同的店铺颜色风格。但要注意，无论商家选择哪一种颜色风格，图片的基本色调与公告的字体颜色最好与之对应，这样装修出来的店铺整体效果和谐统一。另外，签名档是一个很好的广告。店主应重点突出自己的商品特点，统一自己的店铺风格，并且要利用好签名档。

5. 页面布局

店铺的页面布局切忌繁杂，不要把店铺设计成门户类网站。虽然把店铺做成大网站显得比较有气势，表面上看给人以店铺很有实力的感觉，但不合理或者复杂的布局设计会让人眼花缭乱，影响买家浏览商品。所以，不是所有可装修的地方都要装修，局部区域不装修反而效果更好。总而言之，要让买家进入店铺首页或者商品详情页面后能顺利找到自己想要的商品信息，并可以快捷地看清商品的详情。

6. 商品图片水印尺寸

商家为了避免图片侵权的情况出现，通常会在商品图片上添加自己店铺的水印，但是如果把握不好水印的尺寸，就会削弱商品的表现，出现喧宾夺主的情况。如果图片水印是长条形或者其他的外形，可以在Photoshop中修改图片水印尺寸。

1.3 淘宝店铺基本装修技巧

在网店装修中，店面的色调、文字的表现与商品的展示及各个模块的合理布局同等重要，做得好可以对商品、活动、服务等信息进行及时的说明和指引，并且通过合理的设计和编排，让信息的传递更加准确。本节将对网店装修中的相关技巧进行讲解。

1.3.1 店铺整体色调的选择

色调即店面的总体表现，是网店装修大致的色彩效果。色调选择的目的在于给人一种整体的感觉，或突出青春活力，或突出专业销售，或突出童真活泼等，如图1-16所示。

图1-16 网店的整体色调

在该商品详情页设计中,设计者刻意将版面中的部分文字设定为大号字体,并配以适当的间距,同时使用修饰元素对页面的信息进行分割,使它们的阅读性得到提高,同时便于顾客掌握重要信息。

如何选择和确定网店装修的色调呢?我们可以从店铺中销量最好的商品颜色入手,或者根据店铺装修风格确定,例如,网店装修风格为女装时尚,那么可以选择粉红色、白色等一些明度和纯度较低的颜色对图片进行配色。

通过前面的描述,我们可以知道色调的表现主要体现在颜色的选择上。因为不同的色调有着不同的情感,所以自己的店面应该选择哪种颜色才能真正体现出自己商品的特点和营销的特色,需要店家或者设计师认真考虑。店家或设计师可以根据店铺的营销风格,搭配出店面整体色调。

1.3.2 详情页面橱窗照的设计 重点

通常,我们进入一个店铺是因为对单个商品感兴趣,而众多搜索出来的单个商品都是以主图展示的,也就是用橱窗照的形式展示的。

商品主图用来展现商品最真实的一面,并不是用来罗列店铺的所有活动。但是,有些店家为了将店铺中的信息最大化地传递出去,在橱窗照中商品图像外的空隙里添加了"最后一天""买一送一"等众多的信息,给买家一种凌乱的感觉,如图1-17所示。这会使店面首页上呈现出来的效果不统一,直接影响到店铺的美观,并间接影响顾客在店面的停留时间。

图1-17 凌乱的橱窗照

橱窗照的背景应使用明亮的、色调和谐的溶图,将抠取的商品与背景合成到同一个画面中,并添加简单的文字和价格,让顾客能够一眼看到商品的外形和相关信息,通过颜色的搭配体现出淡雅的感觉,呈现出商品的品质。

1.3.3 合理布置店铺中的各个模块 进阶

在网店装修中,各个模块的布局也是影响装修风格的重要因素,各个模块的搭配要统一、简洁。无序的模块叠加会给买家一种很凌乱的感觉,这样的情况将会流失很多的顾客。

图1-18所示的页面使用了阶梯的方式来对商品进行逐层的显示,由大到小、由上至下丰富商品的内容,让页面的布局具有一定的韵律感,并通过风格一致的标题栏对每组商品分类,用鲜艳的文字来展示商品的信息,清晰地表现出商品的形象。

图1-18 模块的合理布局

简洁大方的店面可以让广大买家浏览店铺的时间延长。而对于如何搭配才是最好的,可以从那些成功的、较大店铺的装修布局中借鉴一些经验。若网店总体上来讲,模块的整合简洁明了,重点突出,形成一种视觉冲击,这便是我们经常说的视觉营销。

第02章 淘宝、天猫美工爆款设计技巧

作为淘宝、天猫的美工，对于网店装修中爆款产品的设计，应掌握一些独特技巧，如紧扣消费者的需求、展现商品的优势、热门的创作方法，以及能够说服买家的深层逻辑。

本章将一一为大家介绍，这些隐藏在广告设计背后的秘密。

课堂学习目标

- 掌握商品图片设计的基本要求
- 爆款产品的高级设计技巧
- 掌握高点击产品图片设计思路
- 掌握设计的深层逻辑

2.1 商品图片设计的基本要求

对于网店装修来说，产品图片的重要性是所有卖家都知道的。店铺产品图片设计的关键不仅是美，还必须有唯一性，这样才能吸引买家点击购买。

本节将介绍一些商品图片设计的基本要求，商品图片不但是装修画面中的一个重要组成部分，而且它比文字的表现力更直接、更快捷、更形象、更有效，可以让商品的信息传递更简洁。

2.1.1 紧抓消费者的需求

图片要紧抓客户需求，切忌一味追求"高大上"，或写一些大部分消费者看不懂的英文、韩文等，你要知道你的目标客户想看什么。如果你的客户定位是中低端，那么他们要的就是性价比高的商品；如果你的客户定位是中高端，那么他们要的就是品质与消费体验。

店铺无流量，不仅仅是因为卖家的宝贝无展现、无排名，很多时候是因为卖家的图片虽然已经被买家看见，但就是无点击。因而商品图片需要主题清晰明确，紧抓消费者的需求，激发他们点击的欲望，这样才可能增加收藏量、加购量和转化率，如图2-1所示。

2.1.2 图片文案的重点要素

在设计图片时，文案很重要，它决定着买家是否要点击。切忌把所有卖家都罗列在图片上，你的唯一的目标是让客户直接点击。

写好一个文案注意以下几点：
- 你要写给谁看。
- 他的需求是什么。
- 他的顾虑是什么。
- 你想让他看什么。
- 你想让他做什么。

2.1.3 精炼表达商品优势

精炼表达，卖点要紧抓客户需求，还要用一个精炼的表达方式。如图2-2所示，图片中通过对丝袜的拉扯体现超薄的亮点，后面通过弧形体现穿上会带来的曲线感。

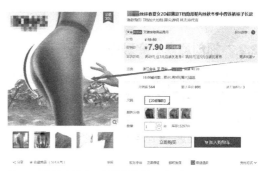

图2-2 精炼表达商品优势的图片设计示例

图2-1 紧抓消费者的需求图片设计

2.2 高点击商品图片设计思路

商品的图片设计非常重要，这是消费者对商品的第一印象，好的图片可以引起他们的注意，同时还能吸引他们快速下单，甚至对你的品牌产生认可。因此，卖家一定要掌握商品图片的设计要点，了解高点击商品图片的设计思路。

2.2.1 协调搭配颜色、字体

由于图片的区域不大，因此在其中添加文字和图片元素时，一定要注意颜色和字体的协调，不可用过多的颜色和字体，以免消费者产生视觉疲劳。

例如，很多卖家采用非常艳丽的颜色来吸引消费者眼球，这种设计看上去很有视觉冲击力，其实很难提升转化率。在设计时，文字的颜色根据产品颜色来定，或采用同色系或者补色，如图2-3所示。

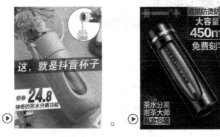

图2-3 图片的颜色、字体要搭配协调

> **专家指点**
>
> 要想利用视觉效果传递令他人感兴趣的信息，首先就应该锁定消费者的基本利益需求。一般而言，当消费者在浏览信息时，如果看到了赠送或者优惠等字眼，就容易激发他们的利益心理，引起他们的关注，从而提高点击率。

2.2.2 抓创意素材突破口

在选取素材时，要有一定的创意，同时利用这些装饰素材作为突破口，直击消费者的核心需求。如图2-4所示，在设计图片时，选择了一张创意感很强的太空图片作为背景，更进一步诠释了产品的性能。

图2-4 选择创意素材

2.2.3 内容要全面且重点突出

内容不全面又抓不到重点的图片引流效果往往较差，很难吸引消费者关注。因此，我们在设计商品图片内容时，要突出重点信息也要全面将产品的卖点充分展现出来，并且加以修饰和润色。同时，对于那些无关紧要的内容，一定要及时删除，不要影响整个图片内容的表达。

如图2-5所示，这个鱼缸商品的图片就是采用中央构图的场景，主题非常明确，可以看到其销量也非常高。

图2-5 图片要突出重点

2.2.4 结构清晰且主次分明

在设计图片时，文案内容要控制好，不能抢占了产品的风头，一定要做到主次分明。通常，图片中的产品图片比例为2/3左右，其他内容为1/3左右。当然，制作比较特殊的图片效果时，也可以采用满版型的设计。如图2-6所示，图片为主，同时提炼一些能引导消费者点击的卖点作为文案。

图 2-6 提炼卖点文案在主要图片上

2.2.5 视觉化设计与产品介绍相结合

在制作商品图片时,大家容易进入一个误区,那就是太过重视视觉化的设计,而忽略了对产品信息的介绍,使消费者理解不到他要表达的信息点,如图2-7所示。

图 2-7 过度视觉化的图片设计

我们在重视产品视觉化设计的同时,还需要适当地添加一些产品介绍,来提示消费者你买我的产品你能得到什么,如图2-8所示,这样才能更好地促进商品转化。

图 2-8 视觉化设计与产品介绍配合

专家指点

在视觉营销过程中,商家应为消费者提供真实可信的产品信息及相关产品服务信息,从而增加消费者对产品及商家的信任度,最终提高商品的销售额。另外,在视觉营销中加入最佳服务信息,有利于增强消费者对店铺的好感,扩大品牌影响力。

2.3 爆款产品的高级设计技巧

在实际设计时,要想快速抓住用户,还需要考虑以下几点,即利益吸引、数字展示、感情渲染、理想描述、对比策略、主动提问、震惊表达、事件借力、气氛渲染及名人效应。

2.3.1 利益吸引

"利益吸引"比较适合低价产品或可以给赠品与优惠的产品,如图2-9所示。例如,母婴用品可以在图片中放上"点击就送育儿手册"的内容,目标非常明确(针对妈妈),紧抓需求(怎样育儿),加入行为驱动指令(点击)。其他适合领域,如五谷杂粮送菜谱或粥谱、灯具装饰送装修方案或装修效果图,可以送电子版,不需要印装成本。

图 2-9 利益吸引的图片设计

2.3.2 数字展示

"买1送3"这种数字展示的图片设计比较适合中低端产品,内容更加直观,如图2-10的左图所示。需要注意的是,文案中描述的销量数字要尽量真实。

图2-10的右图所示,是一个大容量充电宝的产品图片,其中包括两组数字,分别是"30000毫安"和"109",分别体现了该产品的性能优势和价格优势。

图 2-10 数字展示的图片设计

2.3.3 感情渲染

图片可以"打感情战",用感情渲染抓住客户心理柔弱点。如图2-11所示,是一个杯子产品的图片,非常适合作为生日、七夕情人节等送礼物场景,送女生惊喜,通过暖暖的色调及一对恋人手牵手走在海边的画面背景,再加上精致的商品图片,并配文"送你一杯子 暖你一辈子"的文案,激发消费者的内心情感。

图 2-11 感情渲染的图片设计

如图2-12所示,是两个足疗机产品的图片,左图采用局部特写的拍摄形式,着重拍一对父子的腿部,并配文"父爱如山",展现父子之间的温馨亲情,很有氛围感,同时也能更好地突出产品功能;右图则是采用主体构图形式,让产品充满整个图片空间,虽然可以突出产品,但缺乏感情渲染,吸引力远远不如左图。

图 2-12 感情渲染的图片设计对比

2.3.4 理想描述

理想描述是指为消费者描绘一个理想蓝图。例如,卖丝袜产品的,可以在图片中说明"光腿、美肌"等,这些都是抓住客户需求的卖点,如图2-13所示。

图 2-13 理想描述的图片设计

理想型设计要先确定好目标客户,然后找准需求,只抓住一个主卖点就可以;注意图片的优先级一定是先表达它的主要效果,然后在详情中介绍它的其他作用。

2.3.5 对比策略

通过与同类型商品进行对比,突出自己产品的质量、功能、价格、服务等优势特色。例如,家具产品的图片卖点"送货到家""包上楼 包安装""承重强 更稳固"等,如图2-14所示。

图 2-14 在图片上突出产品优势

再例如,下面这款丝袜产品,一条腿穿上丝袜,另一条腿不穿,在一张图片上直接进行对比,如图2-15所示。

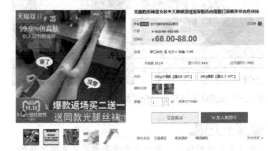

图 2-15 在图片上进行效果对比

注意,做对比效果时尽量不要用图片去做对比,空间太小,建议写几句文案,同时图片点进去的详情图片与文案要配套,作为图片卖点的解释。例如,产品采取高定价策略时，你的详情可以阐述相对于市场标准，你比别人多付出了什么。

在传递视觉信息时要注重视觉细节的准确、到位。这里的细节到位不是说面面俱到，越详细越好。因为图片大小有限，能展示的信息有限。如果一味地追求细节，就会陷入满屏的信息之中，无法凸显重点。那么，怎样才能让视觉的细节到位呢？笔者总结的方法如图2-16所示。

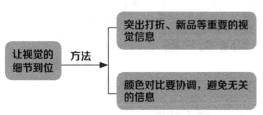

图 2-16 让视觉的细节到位的方法

专家指点

视觉上是不可能看到所有的细节，因此视觉设计只要突出想要传达的信息就好了。多余的细节只会造成画面的混乱，影响用户对重要信息的获取，继而导致视觉营销效果的不佳。

2.3.6 主动提问

卖家只有深入、真切了解目标客户心底的潜在想法，才能找到打动他的突破口。

图片要想成功吸引买家点击，在设计图片文案时，就要学会主动提问，通过正确的提问方式获取你需要的信息——客户心底潜在的关注点，如图2-17所示。

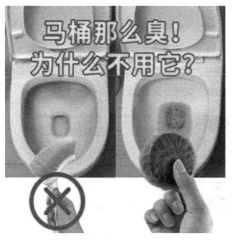

图 2-17 主动提问的图片

在设计问题时，传达的信息一定要准确，做好这些工作的基础就是深度了解目标受众的取向和喜好，体现视觉信息的价值。在图片传达问题的答案信息时，可以在图片上直接注明重要信息，并加上序号，起到突出强调作用。值得注意的是标注的信息要注重精炼，重点是核心信息点的传达，如图2-18所示。

图 2-18 通过图文传递视觉价值

2.3.7 震惊表达

震惊表达主要是给买家带来一种心灵上的震撼。例如，时尚女装可以在图片上这样说"满大街撞衫 真是够了"，婴儿用品可以在图片上这样说"你的宝宝还在用有毒塑料吗"，下水道除臭剂可以在图片上这样说"恶臭10年 根源除臭"，大码男装在图片上写明"非胖勿点"等信息，如图2-19所示。

图 2-19 图片文案的震惊表达

需要注意的是，震惊表达不适合与理想描述搭在一起，两者搭配要适度，整个文案的描述要互相配合。

2.3.8 事件借力

事件借力就是借助具有一定价值的新闻、事件，结合自身的产品特点进行宣传、推广，从而达到产品销售目的的一种营销手段。运用事件营销引爆产品的关键就在于结合热点和时势。例如，抖音小黄鸭表情包在网上风靡，同时也有卖家在淘宝上推出了同款产品，如图2-20所示。

基础入门篇

图2-20 借力热点事件设计图片

事件借力的图片设计对于打造爆品十分有利，但是，事件如果运用不当，也会产生一些不好的影响。在设计图片借力事件时需要注意的问题，如图2-21所示。

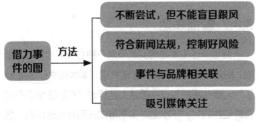

图2-21 事件营销需要注意的问题

2.3.9 气氛渲染

气氛渲染是指通过对图片内部空间进行组织，来创作一种作用于消费者的影响力，提高他们点击图片进入店铺的概率。卖家可以根据产品特点，对图片画面进行视觉美化，强化产品优势，刻意营造出一种良好的购物气氛，刺激买家的感官，进而推动其完成点击、购买等。

如图2-22所示，通过展示商品的火爆销量"已售70万件"，营造出一种产品火热销售的氛围，提升买家的购买情绪、购买欲望。

图2-22 展示产品销量营造氛围

如图2-23所示，在图片上重点展示推出的特价产品，并在文案部分写出"亏本促销"，通过这种手段营造出一种亏本卖的气氛，希望买家看到后能够进入店铺，并通过买家购买的其他物品来获利。

图2-23 展示"亏本促销"的气氛

2.3.10 名人效应

在传达图片的视觉信息时，卖家可以利用大家都喜爱的明星或者名人来获得买家的认同，提升买家对产品的好感度，从而使产品获得更多的关注，最终提高产品销售量，达到视觉营销的目标。

如图2-24所示，在图片上运用明星模特照片，可以吸引其粉丝关注并进店消费。

图2-24 明星同款的产品图片设计

在利用名人效应设计产品展示图片时，一定要寻找与产品风格、调性相似的名人，这样才能起到事半功倍的宣传效果，如图2-25所示。

图2-25 名人代言的产品图片设计

2.4 说服买家：设计的深层逻辑

产品图片设计的深层逻辑就是从买家的心理需求出发，并围绕着转化率。

在制作产品图片之前，首先你要了解买家看你的图片，原因一个是为了获取他需要的信息，另一个是为了支持自己的购买决策。说到底产品图片的展示就是一个说服的过程，只要把逻辑设计好，能够说服买家购买，转化率自然就提高了。那么，应该用一个什么样的逻辑去说服买家呢？首先要明确，不同的类目，不同的产品风格、产品档次，面对的买家是不一样的，因而说服的方法肯定也会有很大的区别。本节介绍在图片设计时通常使用的方法。

2.4.1 第一步：被吸引

在淘宝、天猫平台上，买家在不同店铺、不同宝贝之间的切换成本几乎为零，所以如果卖家不能在第一时间就牢牢抓住买家的眼球，那么买家很有可能看都不会往下看，直接换到其他页面，转化率就会很低。

所以，在图片展示刚开始时，要尽量把用户最关注的点表现出来，如下面这些点。

- 用户关注正品——假一赔十。
- 用户关注物流速度——全国、顺丰包邮。
- 用户关注人气——全网热销数量。
- 用户关注价格——"9块9"特卖。

另外，卖家还要注意一个小细节，即阿拉伯数字比文字更能吸引买家注意。所以，在第一屏的图片中要尽量用阿拉伯数字来表达，并且尽量突出这些阿拉伯数字。如图2-26所示，其中的"80"就通过字体放大来突出展现。

图 2-26 用阿拉伯数字表达活动力度

2.4.2 第二步：感兴趣

吸引住买家的眼球后，让买家对你的产品感兴趣。这个感兴趣一般情况下可以是产品独特的卖点，也可以是一些有吸引力的活动，目的是让买家有进一步浏览下去的欲望，并且产生购买兴趣。例如，下面这个活动就是通过"四重大礼"来引起买家的兴趣，如图2-27所示。

图 2-27 用活动让买家产生兴趣

2.4.3 第三步：信心逐渐增强

"信心逐渐增强"是制作图片中比较核心的部分，经过前两步，买家对你的产品产生了兴趣，这个时候卖家就需要不断的强化他们的购买信心，实际上就是通过款式、细节等去塑造产品的价值，告诉买家，这个产品是很值得购买的，如图2-28所示。

图 2-28 通过细节塑造价值强化买家的购买信心

2.4.4 第四步：临门一脚

通过卖家对产品卖点的提炼，买家基本上已经有很强的购买心理了，此时卖家还需要彻底打消买家的购买疑虑。因此，这里最关键的一步就是打造零风险购物的概念，如图2-29所示。卖家还可以通过限时、限量等字眼，增加买家的紧迫感，促进他们下单，如图2-30所示。

图 2-29 打造零风险购物的概念

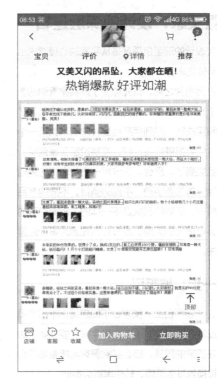

图 2-31 展示买家的评价

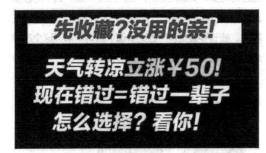

图 2-30 增加买家的紧迫感

2.4.5 第五步：强力背书

在图片中展示买家的评价截图，更加真实地展现店铺的产品品质，以及店铺服务、资质、包装等，如图2-31所示。同时，卖家还可以放一些品牌授权、品牌故事、企业经营执照、实体门店形象照片等，如图2-32所示。总之，一切能证明你实力、证明你规模的资料，都可以在最后做个背书，从而赢得买家的更多信任，让他们记住你的品牌和店铺，并提升流量和转化。

图 2-32 卖家实力展示

第 03 章 淘宝、天猫美工配色布局方法

颜色在淘宝网店中具有很强的识别性，能够突出版面的视觉效果，同时决定了广告氛围，影响着主题内涵的传达。

本章主要介绍网店旺铺视觉营销设计的基础知识，包括颜色和色系的应用、字体风格的介绍及网店版式设计等内容。

课堂学习目标

- 掌握色彩的基础知识
- 掌握运用不同字体风格打造精致店铺的方法
- 掌握店铺配色的技巧
- 掌握店铺版式布局的方式

3.1 色彩的基础知识

色彩是光的产物，生活中所看到的色彩并不是物体的固有颜色，而是由它们对光的反射产生的。根据现代科学对色彩进行分类，主要分为有彩色系和无彩色系。

3.1.1 色彩的概念

1. 有彩色系

有彩色系指的是带有某一种标准色倾向的色，光谱中的全部色都属于有彩色，基本的色相包括红、橙、黄、绿、青、蓝、紫，如图3-1所示。这些基本色相按不同比例混合可产生成千上万种有颜色。

图 3-1 有彩色系

有彩色中的任何颜色都具有三大要素，即色相、明度和纯度。在图像的制作过程中，根据有彩色的特性，通过调整其色相、明度及纯度间的比例关系，或通过几个颜色间面积调和，可搭配出色彩斑斓、变化无穷的店铺装修画面效果。

2. 无彩色系

无彩色系是指黑色、白色及各种明度的灰色，无彩色只有明度上的变化，以这3种色调为主构成的画面也是别具一格的。在店铺装修的配色中，为了追求某种意境或者氛围，有时会使用无彩色进行搭配。无彩色没有色相，只能以明度来区分。无彩色没有冷暖的色彩倾向，因此也被称为中性色，如图3-2所示。

图 3-2 无彩色系

无彩色中的黑色是所有颜色中最暗的，通常能够给人沉重的印象。白色是无彩色中最容易受到环境影响的颜色，画面中白色的成分越多，画面效果就越单纯。而灰色则处于白色和黑色之间，它具有平凡、沉默的特征，在店铺装修中多作为调节画面色彩的颜色，可以给顾客带来安全感和亲切感。

3.1.2 色彩三要素

消费者所看到的店铺装修画面千差万别，但是任何画面的颜色都具备三大基本要素，色彩也可以根据这三大要素进行体系化的归类。

1. 色相

苹果是红色的，柠檬是黄色的，天空是蓝色的……当考虑不同颜色的时候，时常用色相来表示，如图3-3所示。因此，用"色相"这一术语将色彩区分为红色、黄色或蓝色等类别。

图 3-3 色相纯色块和渐变条

2. 明度

有些颜色显得明亮，而有些却显得灰暗，这就是亮度是色彩分类的一个重要属性的原因。例如，柠檬的黄色就比葡萄柚的黄色显得更明亮一些。如果将柠檬的黄色与一杯红酒的红色相比呢？显然，柠檬的黄色更明亮。可见，明度可以用于对比色相不同的颜色，如图3-5所示。

明度高　　　　　　　　　　　　　　　　　　明度低

图 3-5 明度对比

色相是色彩的基本特征。所谓色相，是指能够比较确切地表示某种颜色色别的名称，可用于直接区分各种颜色，同样它也是不同波长的色光被感觉的结果。

色相是由光的波长决定的，以红、橙、黄、绿、青、蓝、紫代表不同特性的色彩相貌，构成了色彩体系中的最基本色相。色相一般由纯色表示。

红色和黄色是完全不同的两种色相，将它们混合可以得到橙色。黄色和绿色混合可以得到黄绿色或青豆色，而绿色和蓝色混合则产生蓝绿色。因此，色相是互相关联的，我们把这些色相排列成圈，这个圈就是"色环"，如图3-4所示。

明度是眼睛对光源和物体表面的明暗程度的感觉，主要是由光线强弱决定的一种视觉经验。简单来说，明度可以理解为颜色的亮度，不同的颜色具有不同的明度。任何颜色都存在明暗变化，其中黄色明度最高，紫色明度最低，绿、红、青、蓝、橙的明度相近，为中间明度。另外，同一色相的明度也存在深浅的变化，如绿色由浅到深有粉绿、淡绿、翠绿等。

3. 纯度

纯度通常是指颜色的鲜艳程度，也被称为色彩的饱和度、彩度、含灰度等。它是灰暗与鲜艳的对照，即同一种色相是相对鲜艳还是灰暗的。纯度取决于颜色中含色成分和消色成分的比例，其中灰色含量较少，饱和度越大，颜色越鲜艳，如图3-6所示。

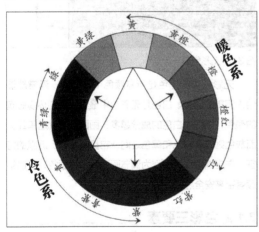

图 3-4 色环

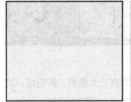

纯度低　　　　　　　　　　　纯度高

图 3-6 纯度高低对比

> **专家指点**
>
> 色环其实就是在彩色光谱中所见的色彩序列，只是将首尾连接在一起，使红色连接到另一端的紫色。
> 暖色：暖色由红色调构成，如红色、橙色和黄色。这些颜色给人温暖、舒适、有活力的感觉，产生的视觉效果更贴近观者，并在页面上更突出。
> 冷色：冷色来自于蓝色调，如蓝色、青色和绿色。这些颜色显得稳定和清爽。它们看起来还有远离观者的效果，所以适于做页面背景。

将色相相同的颜色作比较，很难用明度来解释这两种颜色的不同，而纯度这一概念则可以很好地解释为什么我们看到的颜色如此不同。

有彩色的各种颜色都具有纯度值，无彩色的纯度值为0。纯度由于色相的不同而不同，而且即使是相同的色相，明度不同，纯度也会随之变化。

色彩的纯度强弱,是指色相明确或含糊、鲜艳或混浊的程度。同一色相的颜色,不掺杂白色或者黑色,则被称为纯色。在纯色中加入不同明度的无彩色,会产生不同的纯度,如图3-7所示。高纯度色相加白或黑,可以提高或降低其明度,但都会降低纯度。

> **专家指点**
>
> 纯度用来表现颜色的鲜艳程度和深浅变化,色彩的纯度变化可以产生不同的色相,而且使色彩产生韵味与美感。

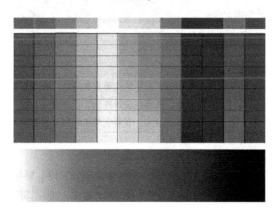

图 3-7 纯度表

> **专家指点**
>
> 以红色为例,向纯红色中加入一点白色,纯度下降而明度上升,变为淡红色。继续加入白色,颜色会越来越淡,纯度降低,而明度持续上升。向纯红色中加入一点黑色,纯度和明度都会降低,变为深红色。继续加入黑色,颜色会越来越暗,纯度和明度都持续降低。

3.1.3 色调的倾向

色调是色彩运用中的主旋律,是店铺装修画面的整体色彩倾向,也可以理解为"色彩的基调"。画面的色调既指单一的色彩效果,也指色彩与色彩之间相互作用中所体现的总体特征,是色彩组合多样、统一中呈现出的色彩倾向,如图3-8所示。

在店铺装修的过程中,往往会使用多种颜色来表现形式多样的画面效果,但总体都会持有一种倾向,是偏黄或偏绿,还是偏冷或偏暖等,这种颜色上的倾向就是画面给人的总体印象。

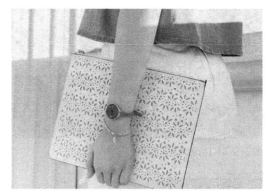
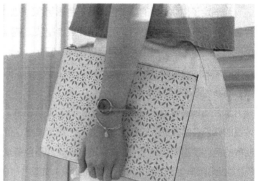
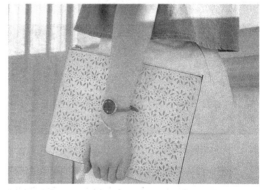

图 3-8 色调的倾向

1. 色调色相的倾向

色相是决定色调最基本的因素,也对色调起着重要的作用。色调的变化主要取决于画面中设计元素本身色相的变化。例如,某个店铺呈现为红色调、黄色调或紫色调等,指的是主要画面元素的固有色相,就是这些占据主导地位的颜色决定了画面的色调倾向。

图3-9所示的店铺装修画面中使用了大面积的红色调,充分体现了红色调热情的色彩印象,营造出朝气蓬勃的感觉,而小面积黄色的添加使得画面更加丰富。

图 3-9 以红色调为主的页面

2. 色调明度的倾向

当确定了构成画面的基本色调后,色彩明度的变化也会对画面产生极大的影响。画面明亮或者暗淡,其实就是明度的变化赋予画面的不同明暗倾向。因此,在对一个店铺装修的画面进行构思设计时,采用不同明度的颜色能够创造出丰富的色调变化。

饰品店铺装修画面中使用大面积的低明度颜色时,浓重的颜色会给人深沉的感觉,并表现出深远寓意;低明度的色调使画面呈现出一派神秘的格调,深蓝色背景下的翡翠项链给顾客留下品质高端的印象,如图3-10所示。

图 3-10 低明度的页面

饰品店铺装修画面中使用明度值较高的颜色进行配色时,高明度颜色之间的明暗反差会变小,添加高明度的金色,可让画面呈现出高贵的感觉,如图3-11所示。

图 3-11 高明度的页面

3. 色调纯度的倾向

在色彩的三大基本属性中,纯度同样是决定色调不可或缺的因素。不同纯度的颜色所呈现的画面感觉也不同,通常所说的画面鲜艳或昏暗均由色彩的纯度决定。在店铺装修中,色调纯度的倾向一般会根据商品的颜色来确定。不过,就色彩的纯度倾向而言,高纯度色调和低纯度色调都能赋予画面极大的反差,给顾客带来不同的视觉印象,如图3-12所示。

图 3-12 高纯度的页面

> **专家指点**
>
> 纯度是深色、浅色等色彩鲜艳度的判断标准。纯度最高的颜色就是原色,随着纯度的降低,它会变化为暗淡的甚至没有色相的颜色。有彩色纯度降到最低就会失去色相,变为无彩色。

当画面以高纯度的色彩组合表现主题的时候,鲜艳的色调可以给人积极、强烈而冲动的印象。图3-13所示的饰品图像使用了纯度较高的颜色,更加凸显商品,增强了视觉冲击力。

图 3-13 高纯度的详情页

当画面以低纯度的颜色表现主题时,会呈现出复古与怀旧的感觉,为画面添加了一种协调与惬意的感觉。

3.1.4 冷色系配色的表现效果　进阶

蓝色、绿色、青色、紫色都属于冷色系。冷色系相对于暖色系令人感觉冰凉、沉静。在冷色系中，蓝色最具有清凉、冷静的作用，其他明度、纯度较低的冷色系也都具有消极、镇静的作用。

图3-14所示的店铺详情页面使用冷色调作为主要的配色，颜色具有明度变化，显得清凉而洁净，整个画面给人雅致、舒适的感觉。

图3-14　冷色系

冷色系除了可以让人感觉到一种冷清的感觉，还能让人感觉到如冰块般的寒冷，在图3-15所示的页面中，以蓝色调为主的配色给画面带来寒意，同时符合冰块造型的颜色。

图3-15　冷色系传达寒意

3.1.5 暖色系配色的表现效果　进阶

如果在店铺装修中融入大量的红色、橙色色调，那么画面会呈现出温暖、舒适的感觉，此类色调称为暖色调。

暖色调通常被认为是提高血压及心率、刺激神经系统的颜色，也可以赋予画面活泼之感，使人情绪高涨。

图3-16所示的店铺首页区域使用暖色调作为主要的配色，鲜艳的配色给人强烈的视觉冲击，营造出一种热烈、欢快的氛围，产生悦动的心理反应。

图3-16　暖色系

暖色系常常使人联想到火热的夏季、鲜艳的花朵、热闹的氛围等，选用暖色系即可营造出强烈、火热的氛围，给人热情、温暖的感觉。

3.2 店铺配色的技巧

淘宝的页面大多是色彩饱满丰富的，给人一种很强的视觉冲击力。色彩饱满、有冲击力的画面需要一些色彩搭配的技巧，本节将为读者讲述这些技巧。

3.2.1 对比色的使用方法　重点

在现实生活中，时时处处都充满着各种不同的颜色。人们在接触这些颜色的时候，常常都会以为它们是独立的：天空是蓝色的，植物是绿色的，花朵是红色的。其实，色彩就像音符一样，唯有众多的音符才能谱出美妙的乐章。没有一种颜色是独立存在的，也没有哪一种颜色本身是好看的或是不好看的；相反，只有当颜色成为一组颜色中的一种时，才会说这种颜色用在这里是协调的或是不协调的、适合或不适合。

前面介绍过色彩具有色相、明度及纯度3种属性，而色相是人们认识色彩的时候最早理解的属性，也就是所谓颜色的名称，如红色、黄色、蓝色等。图3-17所示为最常见的12色色相环。

图 3-17 12 色色相环

在色相环上,位置相对的颜色互为补色。一种颜色的对比色是其补色及补色的近似色。色彩的对比其实就是色相之间的矛盾关系。各种颜色在色相上产生细微的差别,能够对画面产生一定的影响。色相的对比使画面充满生机,并且具有丰富的层次感。

图3-18所示的店铺首页使用不同的单色背景对画面进行分割,使其色相之间产生较大的变化,即色相对比配色,会让顾客感觉画面颜色非常丰富,能更容易吸引顾客的眼球。

图 3-18 色相对比效果

3.2.2 色彩调和的技巧 重点

"调"有调整、调理、调停、调配、安顿、安排、搭配、组合等意思;"和"可理解为和顺、和谐、和平、融洽、相安、适宜、有秩序、有规矩、有条理、恰当,没有尖锐的冲突,相互依存,相得益彰等。配色就是为了制造美的色彩组合,而和谐是色彩美的首要前提,它使色调让人感觉到愉悦,同时还能满足人们视觉上的需求及心理上的平衡。总的来说,颜色的对比是绝对的,而调和是相对的,调和是实现色彩美的重要手段。

1. 色相一致

色相一致的调和和配色,通过改变色彩的明度和纯度来达到配色的效果,这类配色方式保持了色相上的一致性。色相一致的调和和配色,可以是相同颜色调和配色、类似色相调和配色,这些配色的目的都是让画面的色彩和谐,并产生层次感或者视觉冲击力。

图3-19所示页面中的文字、背景等都使用粉色进行搭配,通过明度的变化使画面配色丰富起来,表现出柔和的特性。

图 3-19 色相一致的页面

2. 明度一致

明度是人类分辨物体色最敏锐的色彩反应,它的变化可以表现事物的立体感和远近感。例如,希腊的雕刻艺术就是通过光影的作用产生了许多黑白灰的相互关系,形成立体感;我国的水墨画也经常使用无彩色的明度搭配。有彩色的物体也会受到光影的影响产生明暗效果,如紫色和黄色就有着明显的明度差。

明度可以分为高明度、中明度和低明度3类,这样明度就有了高明度配高明度、高明度配中明度、高明度配低明度、中明度配中明度、中明度配低明度、低明度配低明度6种搭配方式。其中,高明度配高明度、中明度配中明度、低明度配低明度属于相同明度配色。

图3-20所示页面中的文字和背景图片的配色均为低明度调和配色,给人舒适的感觉,表现出优雅的氛围,很符合画面中家纺的形象。

图3-20 明度一致的页面

3. 纯度一致

当一组色彩的纯度水平相对一致时,颜色的搭配很容易达到调和的效果。随着纯度的不同,颜色的搭配也会给人不一样的视觉感受。

图3-21所示页面中纯度一致的颜色搭配在一起带来一种亮丽的感觉,使人感受到生机、活力,与活动的氛围一致。

图3-21 纯度一致的页面

低纯度色彩的色感比较弱,这种色彩搭配容易带给人平淡的感觉;中等纯度色彩的搭配没有高纯度色彩那样耀眼,但是会给人带来稳重大方的感受,基本用于表现高雅的画面效果;高纯度的几种颜色调和需要在色相和明度上变化,给人以鲜艳夺目的感觉。

图3-22所示为某鞋子店铺的首页设计,标题文字可作为画面最好的点缀,柔和的画面让人产生内心踏实的感觉。

图3-22 高纯度的标题页面

4. 无彩色

无彩色与无彩色搭配可以传达出一种经典的美感。无彩色的色彩个性不是很明显,所以与任何颜色搭配都能取得调和的色彩效果。在店铺装修过程中,有时为了达到某种特殊的效果,会通过无彩色调和配对来创作,如图3-23所示。

图3-23 无彩色的页面

在图3-23所示的页面中,商品图像和主题文字使用有彩色,画面背景和辅助文字使用无彩色,这样的配色让商品的细节和主题文字更加突出。

3.3 店铺版式布局的方式

在店铺的装修设计中,页面版式布局是重中之重。合理布置页面元素,处理好文字与图片的位置、大小关系,是版式布局的任务。

3.3.1 运用不同字体风格打造精致店面

当顾客登录一个店铺首页的时候,总会留意到属于这个店铺的特定字体设计或者其所使用的字体,从而直接影响顾客对这个店铺最直观的感受——精致、优雅、科幻、古典还是粗糙难看。

字体风格形式多变,如何利用文字进行有效的设计,是把握字体更改最为关键的问题。对文字的风格与表现手法有详尽的了解,有助于我们进行字体设计。在店铺装修中,常见的字体风格有线型、规整型、手写型、书法型等,不同的字体可以表现出不同的风格。

1. 线型文字

线型的字体是指文字的笔画每个部分的宽窄都相当,表现出一种简洁、明快的感觉,在店铺装修设计中较为常用。常用的线型字体有"方正大黑简体""黑体"等,如图3-24所示。

图3-24 线型文字

图3-24中的线型字体与用纤细线条来修饰的矩形相配,两者风格一致,呈现出文字精致、简洁的视觉效果,很容易给人留下清爽的印象。

2. 规整型文字

外形标准、整齐的字体能够准确、直观地传递出商品或者店铺的信息,同时也可以给人一种规整的感觉。在淘宝店铺的版面构成中,利用规整的字体排列,结合不同长短的文字可以很好地表现出画面的节奏感,给人大气、端正的印象,如图3-25所示。

图3-25 规整型文字

在商品的详情页面中,可使用工整的文字对细节进行说明,让画面信息传递更准确,同时也让画面显得饱满。

3. 手写型字体

手写型字体是一种使用硬笔或者软笔纯手工写出的字体,手写体文字代表了中国汉字文化的精髓。手写体文字大小不一、形态各异,在计算机字库中很难实现错落有致的效果。手写型字体的外形因人而异,带有较为强烈的个人风格。

在店铺装修中使用手写型字体,可以表现出一种不可模仿的随意和不受局限的自由性。有时为了迎合画面整体的设计风格,适当地使用手写型字体,可以将店铺的风格表现得更加淋漓尽致。随意的手写型字体可表现出画面原汁原味的自然风情,如图3-26所示。

图3-26 手写型字体

4. 书法型字体

书法型字体按传统方法分类,有行书、草书、隶书、篆书和楷书5种字体,也就是五大类。每一大类又细分为若干小的门类,如篆书有大篆、小篆之分,楷书有魏碑、唐楷之分,草书有章草、今草、狂草之分。

图3-27所示的页面是某家纺店铺的首页,为了更好地推销商品,在创作中使用了书法型字体进行表现,颇有美感。

图3-27 书法型字体

书法型字体是中国独有的一种传统艺术,字体外形洒脱,笔画流畅,且富有变化,具有一种传神的精神境界。在店铺装修的过程中,有时为了迎合活动的主题,或者是配合商品的风格，会使用书法字体增强画面中文字的设计感，表现出独特的韵味。

3.3.2 店铺文字的编排准则 重点

为了让店铺装修画面布局变得更有条理，同时提高整体内容的表现力，从而方便顾客阅读及接受其主题信息，在装修中还需要考虑文字整体编排的规整性，并适当加入带有装饰性的设计元素，让文字编排更加具有设计感，以提升画面美感。

要满足这些要求，就必须深入了解店铺的文字编排规则，即文字描述必须满足版面主题的要求，还要保证段落排列的易读性及整齐布局的审美性。

> **专家指点**
>
> 在装修中考虑整体编排的规整性，在加入装饰性元素时，要注意整体的排版样式，不能太突兀。以提升画面美感为选择元素的准则，目标是减少累赘，让文字编排更加具有设计感。

1. 准确性

在店铺装修设计中，文字编排不但要达到主题内容的要求，其整体排列风格还必须符合设计对象的形象，才能保证版面文字能够准确无误地传达出信息，如图3-28所示。

图 3-28 准确传达出信息的设计

图 3-28 准确传达出信息的设计（续）

在商品详情页面中，使用简洁的词组来对商品的功能特点进行介绍，让词组与图片产生关联，同时利用文字的准确描述来帮助顾客认识商品。

2. 易读性

在店铺的文字编排设计中，易读性是指通过特定的排列方式使文字带给顾客更好的阅读体验，让顾客阅读起来更加顺畅。在实际的店铺装修过程中，可以通过设置宽松的字间距、大号字体、多种不同字体进行对比阅读等方式，让段落文字之间产生一定的差异，增强文字的易读性，使文字信息主次清晰，让顾客更快地抓住店铺或商品的重点信息。

在图3-29所示的商品详情页面设计中，设计者将版面中的部分文字设定为大号字体，并配以适当的间距，同时使用修饰元素对文字的信息进行分割，使它们的可读性得到提高，同时便于让顾客掌握重要信息。

图 3-29 易读性高的设计

3. 审美性

整齐布局的审美性是指通过事物的美感来吸引顾客，使其对画面中的信息和商品产生兴趣。在字体编排方面，设计者可以对字体添加一些带有艺术性的设计元素，以从结构上增加它的美感。

图3-30所示的首页欢迎模块设计利用颜色设计和

物品位置的巧妙安排，结合清新的文字设计，整个画面清新、明快。

图 3-30 具有美感的首页欢迎模块

3.3.3 图文的分割方式

在店铺装修设计中，运用合理的分割方式，可以对图文进行合理的规划，协调它们之间的关系，从而把握好商品或者模特图片与文字的搭配效果。根据切割走向的不同，可以将文字的编排手法划分为水平分割和垂直分割两种方式。

1. 水平分割

水平分割主要包括上文下图和上图下文两种类型，下面进行简单介绍。

（1）上文下图。

在文字的编排中，通过水平分割将画面划分成上下两个部分，将文字与图片分别排列在画面的上部和下部，从而构成上文下图的排列方式。该方式可以使视觉形象更为沉稳，给人带来一种上升感，可增强版面整体的表现力，如图3-31（a）所示。设计者利用上文下图的编排方式，加强标题文字和商品介绍在视觉上的表现力，并使顾客能够自然地从上到下进行阅读，增强了文字的重要性。

（2）上图下文。

将画面进行水平分割，分别将图片与文字置于画面的上方与下方，从而构成上图下文的编排方式。该方式可以从形式上增强图文的关联性，同时还能借助特殊的排列位置，增强文字整体给人带来的安稳、可靠的视觉感受，从而增强顾客对版面信息的信赖度，如图3-31（b）所示。

（a）上文下图

（b）上图下文

图 3-31 文字水平分割方式

专家指点

在使用上图下文的编排方式时，如果编排的目的在于突出文字的视觉效果，可以使用一些没有个性效果的图片放在文字的下方，让其充当补充文字信息的角色。

2. 垂直分割

垂直分割主要包括左图右文和左文右图两种类型，下面进行简单介绍。

（1）左图右文。

通过垂直切割将画面分成左右两个部分，把商品或者模特图片与文字分别排列在画面的左边与右边，从而形成左图右文的排列形式。这种形式使版面产生由左至右的视觉流程，符合人们的阅读习惯，在结构上可以给顾客带来顺畅的感觉，如图3-32所示。

图 3-32 左图右文

专家指点

在店铺的装修设计过程中,视觉流程是一个宏观上的重要设计因素。视觉流程是指布局对顾客的视觉引导,知道顾客视线的关注范围和方位,可以通过页面视觉流程的指向规划来实现。版式布局的视觉流程可以分为单向型的版面指向和曲线型的版面指向。

(2)左文右图。

该分割方式与左图右文相反,是将文字放在画面的左侧,把商品或模特的图片放在画面右侧。左文右图的分割方式可以借助图片的吸引力,使画面产生由右至左的视觉效果,与人们的阅读习惯恰好相反,可以在视觉上给顾客带来一种新奇的感觉。这也是店铺装修的首页海报中常用的一种分割方式,如图3-33所示。

图 3-33 左文右图

左文右图的排列方式可打破人们常规的阅读习惯,在视觉上形成奇特的布局样式,给顾客带来了深刻的印象。

3.3.4 文字的对齐方式

常用的文字对齐方式有左对齐、居中对齐和右对齐,具体特点如下。

(1)左对齐。

左对齐的排列方式有松有紧、有虚有实,具有节奏感,如图3-34所示。

图 3-34 左对齐文字排版

在图3-34所示的店铺详情页面设计图中,文字与设计元素都使用左对齐的方式,让版面整体具有很强的节奏感。

(2)居中对齐。

居中对齐是指让设计元素以中心轴线对齐。该方式可以让顾客视线更加集中,具有庄重、优雅的感觉。如图3-35所示,文字与设计元素都使用居中对齐的方式,给人带来视觉上的平衡感。

图 3-35 居中对齐文字排版

(3)右对齐。

右对齐的排列方式与左对齐刚好相反,具有很强的视觉性,适合表现一些特殊的画面效果,如图3-36所示。

图 3-36 右对齐文字排版

在图3-36所示的店铺主图装修设计中，文字与设计元素都使用右对齐的方式，整个画面的视觉中心向右偏移，与人们的阅读习惯不同，显得新颖有趣，可以增加顾客对商品的兴趣。

3.3.5 页面版式设计的原则　**重点**

一个完整的店铺布局中通常包括店招、促销栏（公告、推荐）、产品分类导航、签名、产品描述、计数器、挂件、欢迎欢送图片、商家在线时间、联系方式等元素，这些元素的布局没有固定的章法可循，主要靠设计师的灵活运用与搭配。

只有在大量的设计实践中熟练运用，才能真正理解版式布局设计的形式原则，从而创作出优秀的店铺装修作品。

1. 对称与均衡

对称又称"均齐"，是在统一中求变化；平衡则侧重在变化中求统一。对称与均衡是统一的，都是让顾客在浏览店铺信息的过程中有心理上的稳定感。

对称给人稳定、沉静、端庄、大方的感觉，产生秩序、理性、高贵、静穆之美。对称的图形具有单纯、简洁的美感，以及静态的安定感。对称的形态在视觉上有安定、自然、均匀、协调、整齐、典雅、庄重、完美的朴素美感，符合人们通常的视觉习惯。均衡的形态设计让人产生视觉与心理上的完美、宁静、和谐之感。静态平衡的格局大致是由对称与均衡的形式构成的。均衡结构是一种自由稳定的结构形式，画面的均衡是指画面的上与下、左与右取得面积和色彩上的大体平衡。

> **专家指点**
>
> 对称与均衡是一切设计艺术最为普遍的表现形式之一。对称构成的造型要素具有稳定感、庄重感和整齐的美感，对称属于规则式均衡的范畴；均衡也称平衡，它不受中轴线和中心点的限制，没有对称的结构，但有对称的重心，主要是指自然式均衡。在设计中，均衡不等于均等，而是根据景观要素的材质、色彩、大小和数量等来判断视觉上的平衡，这种平衡给视觉带来的是和谐。对称与均衡是把无序的、复杂的形态构成具有秩序性的、视觉均衡的形式美。

在画面上，对称与均衡产生的视觉效果是不同的，前者端庄静穆，有统一感、格律感，但过分均衡易显呆板；后者生动活泼，有运动感，但有时因变化过强而易失衡。因此，在设计中要注意把对称、均衡两种形式有机结合起来灵活运用。

图3-37所示的商品详情页面中使用左右对称的形式进行设计，但不是绝对的对称，画面布局在基本元素的安排上有固定的变化，显得更灵活、更生动。这是设计中较为常用的表现手段，具有现代感，也让画面中的商品细节与文字搭配更自然和谐。

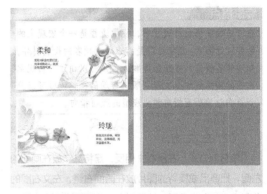

图3-37　左右对称形式的设计

2. 节奏与韵律

节奏与韵律是物质运动的一种周期性表现形式，是有规律的重复、有组织的变化现象，是艺术造型中求得整体统一和变化，从而形成艺术感染力的一种表现形式。韵律是通过节奏的变化来产生的。对于版面来说，只有在内容组织上符合某种规律并具有一定的节奏感，才能形成某种韵律。

在店铺的装修设计中，合理运用节奏与韵律，就能将复杂的信息以轻松、优雅的形式表现出来。

图3-38所示的商品展示图的色彩和布局统一，相同形式的构图体现出画面的韵律感，而每个画面中的商品形态和内容又各不相同，这样又表现出节奏的变化，节奏的重复使组成节奏的各个元素都能够得到体现，让商品信息的展示更加清晰。

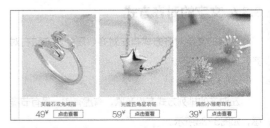

图3-38　节奏与韵律的设计

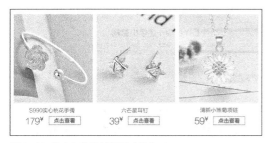

图 3-38 节奏与韵律的设计（续）

3. 对比与调和

对比与调和是一对充满矛盾的组合，但它们又是相辅相成的统一体。在店铺的装修设计中，画面中的各种设计元素都存在着相互对比的关系，但为了找到视觉和心理上的平衡，设计师往往会不断对比，寻求能够相互协调的因素，让画面同时具备和谐与变化的审美情趣。

（1）对比。

对比强调的是差异性。对比的因素存在于不一样的性质之间，也就是把相对的两要素互相比较，产生大小、明暗、黑白、强弱、粗细、疏密、高低、远近、动静、轻重等对比。对比的最基本要素是显示主从关系和统一变化的效果。

图3-39所示页面中的盆栽与右侧的文字在明度上相似，但是在面积和疏密关系上存在明显的差异，因此整个画面既有色彩和面积上的对比，又显得和谐、统一。

图 3-39 疏密对比合理的设计

（2）调和。

调和是指适合、舒适、安定、统一，强调的是近似性，使两个或两个以上的要素具有共性。对比与调和是

相辅相成的。在店铺的版面构成中，一般版面整体宜采用调和方式，版面局部宜采用对比方式。图3-40采用两张较小的图片排列整齐，且大小一致，与上方较大的图片在色彩与外形上采用了同样的表现形式，整个画面既对立又和谐地组合在一起。

图 3-40 调和适当的详情页面

4. 虚实与留白

虚实与留白是店铺版面设计中重要的视觉传达手段。

任何形体都具有一定的实体空间，而在形体之外或形体背后呈现的细弱或朦胧的文字、图形和色彩就是虚的空间，主要用于为版面增添灵气和制造空间感。两者都是采用对比与衬托的方式烘托出版面中的主体部分，使版面结构主次更加清晰，同时也能使版面更具层次感。

在图3-41所示的首页欢迎模块中，将商品文字以反"Z"字形的方式环绕在人物的周围，在画面中表现出明显的指向性与空间感，让顾客的注意力被下方的信息所吸引，给人留下深刻的印象。

图 3-41 有空间感的页面

实体空间与虚空间之间没有绝对的界线，画面中每一个形体在占据一定的实体空间后，常常需要利用一定的虚空间来获得视觉上的动态与扩张感。版面虚实相生，主体得以强调，画面更具连贯性。

中国传统美学上有"计白当黑"这一说法，就是指编排的内容是"黑"，也就是实体，空白或细弱的文字、图形或色彩是"白"，这要根据内容而定。留白是版面未放置任何图文空间，它是"虚"的特殊表现手法，其形式、大小、比例、决定着版面的质量。留白给人一种轻松的感觉，最大的作用是引人注意。在排版设计中，巧妙地留白，讲究空白之美，是为了更好地衬托主题，集中视线，使版面具有空间层次。

如图3-42所示，在大面积的空白区域里，实体花朵吊坠清晰地展现在画面中，而虚化的背景很好地突出了主体。虚实空间形成良好的互动，画面富有写意感。

图 3-42 留白适当的页面

3.3.6 图片的布局与处理 进阶

在店铺装修设计中，图片是除了文字以外的另一个重要的传递信息的途径，也是网络销售和微营销中最需要重点设计的一个元素。店铺中的商品图片是装修画面中的一个重要组成部分，它比文字的表现力更直接、更快捷、更形象、更有效，可以让商品的信息传递更简洁。

1. 缩放图片，组合布局

对于同一种商品照片的布局设计来说，如果进行不同比例的缩放，会获得不同的视觉效果，从而凸显出不同的重点。将图片放大，可展示出商品的细节，真实地还原商品的质感，让顾客对商品的材质了解更清晰，也更容易获得顾客的认可。通过实拍照片展示商品的整体效果，可凸显出商品的外形特点，让顾客对商品的注意力更加集中，如图3-43所示。

图 3-43 图片布局合理的详情页面

需要注意的是，店铺装修设计与普通的网页设计不同，它需要重点展示的是商品本身。因此，在设计过程中，适当对商品以外的图像进行遮盖，可以让商品的特点得以凸显，获得顾客更多的关注。图3-44所示画面中心的商品造型在粉色留白背景中显得轮廓清晰而醒目，利用光影的强弱对比，使主体商品突出又富有立体感。

图 3-44 适当遮盖图像的效果

图 3-44 适当遮盖图像的效果（续）

2. 裁剪抠图，提炼精华

在店铺装修设计中，大部分的商品图片都是由摄影师拍摄的照片，它们在表现形式上大多是固定不变的，或者是内容上只有一部分符合店铺装修需要，此时就需要裁剪图片或者进行抠图处理，使它们符合版面设计的需求。

图3-45所示的详情页面将手表从繁杂的背景中抠取出来，以直观、直接的方式呈现，让顾客能够一目了然，这对商品的展示具有非常积极的作用，也让商品的外形、特点显得更加醒目，避免过多的信息影响顾客的阅读体验。

图 3-45 经过抠图的详情页面

技能提升篇

第04章 运用抠图技能抠取商品图像

网店的卖家除了需要耐心学习摄影、不断尝试拍照外，还必须学会抠图。如果出现拍摄的商品背景不好的情况，或者希望将商品应用于更多的场合，则需要使用Photoshop进行抠图处理。

本章主要介绍通过工具、选区、路径、蒙版及通道抠取商品图像的操作方法。

扫码观看本章实战操作视频

课堂学习目标
- 掌握选框工具的使用方法
- 掌握钢笔工具的使用方法
- 掌握魔棒工具的使用方法
- 掌握蒙版的使用方法

4.1 运用简单抠图方法抠取商品图像

本节主要介绍运用选框工具、套索工具、橡皮擦工具、快速选择工具及魔棒工具抠取网店商品图像的操作方法。

4.1.1 实战——运用矩形选框工具抠取商品图像 【重点】

若商品是矩形的，就可以通过矩形选框工具快速抠取商品图像。

下面介绍通过矩形选框工具抠取商品图像的具体操作方法。

素材位置	素材 > 第 4 章 > 图像 1.jpg
效果位置	效果 > 第 4 章 > 图像 1.psd
视频位置	视频 > 第 4 章 > 实战——运用矩形选框工具抠取商品图像 .mp4

01 单击"文件"|"打开"命令，打开一幅素材图像，如图4-1所示。

图 4-1 打开素材图像

02 在工具箱中选取矩形选框工具，如图4-2所示。

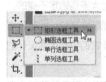

图 4-2 选取矩形选框工具

03 执行上述操作后，将鼠标指针移动至图像编辑窗口中，在合适位置按住鼠标左键并拖曳鼠标，至合适位置后释放鼠标，即可创建选区，如图4-3所示。

图 4-3 创建选区

04 按【Ctrl+J】组合键，得到"图层1"，单击"背景"图层的"指示图层可见性"图标 ●，即可隐藏"背景"图层，效果如图4-4所示。

图 4-4 最终效果

4.1.2 实战——运用椭圆选框工具抠取商品图像

若商品是椭圆或圆形的,就可以通过椭圆选框工具快速抠取商品图像。

下面介绍通过椭圆选框工具抠取商品图像的具体操作方法。

素材位置	素材 > 第 4 章 > 图像 2.jpg
效果位置	效果 > 第 4 章 > 图像 2.psd
视频位置	视频 > 第 4 章 > 实战——运用椭圆选框工具抠取商品图像 .mp4

01 单击"文件"|"打开"命令,打开一幅素材图像,如图4-5所示。

图 4-5 打开素材图像

02 在工具箱中选取椭圆选框工具,在图像中的适当位置按住鼠标左键并拖曳鼠标创建一个椭圆形选区,如图4-6所示。

图 4-6 创建选区

03 如果创建的选区位置有偏差,可移动鼠标指针至选区内,当鼠标指针呈形状时拖曳鼠标,如图4-7所示。执行操作后,可将选区移动至合适位置,如图4-8所示。

图 4-7 拖曳鼠标移动选区

图 4-8 移动选区

04 按【Ctrl+J】组合键,得到"图层1",单击"背景"图层的"指示图层可见性"图标 👁,如图4-9所示,即可隐藏"背景"图层,效果如图4-10所示。

图 4-9 单击"指示图层可见性"图标

图 4-10 最终效果

4.1.3 实战——运用多边形套索工具抠取商品图像 重点

若商品边缘轮廓呈直线,则可以使用多边形套索工具抠取图像。多边形套索工具可以创建直边的选区,其优点是只需要单击就可以选取边界规则的图像,并且任意两点之间以直线连接。

下面介绍通过多边形套索工具抠取商品图像的具体操作方法。

素材位置	素材>第4章>图像3.jpg
效果位置	效果>第4章>图像3.psd
视频位置	视频>第4章>实战——运用多边形套索工具抠取商品图像.mp4

01 单击"文件"|"打开"命令,打开一幅素材图像,如图4-11所示。

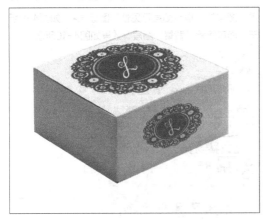

图 4-11 打开素材图像

02 选取工具箱中的多边形套索工具,如图4-12所示。在工具属性栏中设置"羽化"为0像素。

图 4-12 选取多边形套索工具

03 将鼠标指针移至图像编辑窗口中的合适位置,单击指定起点,在转角处单击,指定第二点,如图4-13所示。

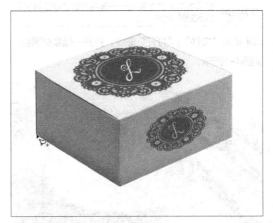

图 4-13 指定第二点

04 用同样的方法,沿商品图像边缘依次单击其他点,最后在起点处单击即可创建选区,如图4-14所示。

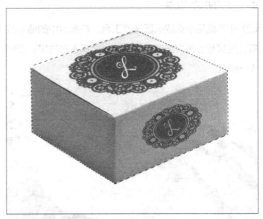

图 4-14 创建选区

05 按【Ctrl+J】组合键,得到"图层1",单击"背景"图层的"指示图层可见性"图标 ,即可隐藏"背景"图层,效果如图4-15所示。

图 4-15 最终效果

4.1.4 实战——运用磁性套索工具抠取商品图像

若商品图像背景较复杂,商品区域与背景有较高对比度,就可以通过磁性套索工具抠取商品图像。磁性套索工具可以根据图像的对比度自动跟踪图像的边缘,这样可以快速抠取商品图像,提高工作效率。

下面介绍通过磁性套索工具抠取商品图像的具体操作方法。

素材位置	素材 > 第 4 章 > 图像 4.jpg
效果位置	效果 > 第 4 章 > 图像 4.psd
视频位置	视频 > 第 4 章 > 实战——运用磁性套索工具抠取商品图像 .mp4

01 单击"文件"|"打开"命令,打开一幅素材图像,如图4-16所示。

图 4-16 打开素材图像

02 选取工具箱中的磁性套索工具,如图4-17所示。在工具属性栏中设置"羽化"为0像素。

图 4-17 选取磁性套索工具

03 将鼠标指针移至图像编辑窗口中,沿着商品图像的边缘移动鼠标指针,如图4-18所示。

图 4-18 沿着图像边缘移动鼠标指针

04 移至起始点处,单击即可创建选区,如图4-19所示。

图 4-19 创建选区

05 按【Ctrl+J】组合键,得到"图层1",单击"背景"图层的"指示图层可见性"图标 ,隐藏"背景"图层,效果如图4-20所示。

图 4-20 最终效果

4.1.5 实战——运用橡皮擦工具抠取商品图像 重点

当拍摄的商品照片比较杂乱时，可使用橡皮擦工具擦去多余图像，抠取商品图像。

下面介绍通过橡皮擦工具抠取商品图像的具体操作方法。

素材位置	素材＞第4章＞图像5.jpg
效果位置	效果＞第4章＞图像5.jpg
视频位置	视频＞第4章＞实战——运用橡皮擦工具抠取商品图像.mp4

01 单击"文件"|"打开"命令，打开一幅素材图像，如图4-21所示。

图 4-21 打开素材图像

02 选取工具箱中的橡皮擦工具，如图4-22所示。

03 在工具属性栏中设置笔尖为"硬边圆压力大小"，"大小"为60像素，如图4-23所示。

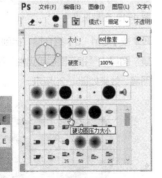

图 4-22 选取橡皮擦工具　图 4-23 设置相应选项

04 设置背景色为白色（RGB各项参数值均为255），如图4-24所示。

图 4-24 设置背景色为白色

05 移动鼠标指针至图像编辑窗口中，单击或拖曳鼠标，即可擦除背景区域，如图4-25所示。

图 4-25 擦除背景区域

06 继续在其他背景区域拖曳鼠标，擦除背景，效果如图4-26所示。

图 4-26 最终效果

4.1.6 实战——运用背景橡皮擦工具抠取商品图像

如果拍摄的商品图像背景颜色是单一的,即可使用背景橡皮擦工具快速擦去背景,抠取商品图像。

下面介绍通过背景橡皮擦工具抠取商品图像的具体操作方法。

素材位置	素材>第4章>图像6.jpg
效果位置	效果>第4章>图像6.psd
视频位置	视频>第4章>实战——运用背景橡皮擦工具抠取商品图像.mp4

01 单击"文件"|"打开"命令,打开一幅素材图像,如图4-27所示。

图4-27 打开素材图像

02 选择工具箱中的吸管工具,在图像灰色背景上单击,即可吸取背景色。单击工具箱中的"切换前景色和背景色"按钮,并选取背景橡皮擦工具,如图4-28所示。

03 在工具属性栏中设置"大小"为100像素,并单击"取样:背景色板"按钮,如图4-29所示。

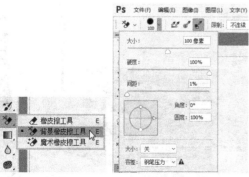

图4-28 选取背景橡皮擦 图4-29 设置相应选项
工具

04 在图像编辑窗口中拖曳鼠标,即可擦除图像背景,如图4-30所示。

图4-30 最终效果

4.1.7 实战——运用魔术橡皮擦工具抠取商品图像 重点

在处理商品图片时,可使用魔术橡皮擦工具快速擦去单一颜色的背景,抠取商品图像,提高工作效率。

下面介绍通过魔术橡皮擦工具抠取商品图像的具体操作方法。

素材位置	素材>第4章>图像7.jpg
效果位置	效果>第4章>图像7.psd
视频位置	视频>第4章>实战——运用魔术橡皮擦工具抠取商品图像.mp4

01 单击"文件"|"打开"命令,打开一幅素材图像,如图4-31所示。

图4-31 打开素材图像

02 选取工具箱中的魔术橡皮擦工具,如图4-32所示。

03 在工具属性栏中设置"容差"为32,并选中"连续"复选框,如图4-33所示。

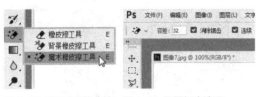

图4-32 选取魔术橡皮擦工具 图4-33 设置相应选项

> **专家指点**
>
> 在"容差"数值框中输入相应的数值,可以定义擦除的颜色范围,低容差会擦除颜色值范围内与单击像素非常相似的像素,而高容差会擦除范围更广的像素。

04 移动鼠标指针至图像编辑窗口中的白色区域,单击即可擦除背景,效果如图4-34所示。

图4-34 最终效果

4.1.8 实战——运用快速选择工具抠取商品图像

在进行商品美化时,若背景复杂,商品图像颜色简单,这时可以使用快速选择工具将商品图像快速选中,以便进行后期的美化处理。

下面介绍通过快速选择工具抠取商品图像的具体操作方法。

素材位置	素材 > 第 4 章 > 图像 8.jpg
效果位置	效果 > 第 4 章 > 图像 8.psd
视频位置	视频 > 第 4 章 > 实战——运用快速选择工具抠取商品图像.mp4

01 单击"文件"|"打开"命令,打开一幅素材图像,如图4-35所示。

图4-35 打开素材图像

02 选取工具箱中的快速选择工具,如图4-36所示。

03 在工具属性栏中设置画笔笔尖"大小"为30像素,如图4-37所示。

图4-36 选取快速选择工具 图4-37 设置"大小"

> **专家指点**
>
> 在连续选择过程中,如果有少选或多选的现象,可以单击工具属性栏中的"添加到选区"或"从选区减去"按钮,在相应区域适当拖曳,以进行适当调整。

04 将鼠标指针移动至图像编辑窗口中,单击创建选区,如图4-38所示。

图4-38 创建选区

05 连续在图像上单击,直至选择整个商品图像,如图4-39所示。

图 4-39 选择整个图像

06 按【Ctrl+J】组合键,得到"图层1",单击"背景"图层的"指示图层可见性"图标 ,隐藏"背景"图层,效果如图4-40所示。

图 4-40 最终效果

4.1.9 实战——运用魔棒工具抠取商品图像 重点

运用魔棒工具可创建与图像颜色相近或相同像素的选区,在颜色相近的图像上单击,即可选取图像上相近的颜色范围。

下面向读者介绍通过魔棒工具选取商品图像的操作方法。

素材位置	素材>第4章>图像9.jpg
效果位置	效果>第4章>图像9.psd
视频位置	视频>第4章>实战——运用魔棒工具抠取商品图像.mp4

01 单击"文件"|"打开"命令,打开一幅素材图像,如图4-41所示。

图 4-41 打开素材图像

02 选取工具箱中的魔棒工具,如图4-42所示。

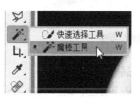

图 4-42 选取魔棒工具

03 在工具属性栏中单击"添加到选区"按钮,设置"容差"为40,选中"连续"复选框,在合适位置多次单击,即可创建选区,如图4-43所示。

图 4-43 创建选区

04 按【Ctrl+J】组合键,复制一个新图层,并隐藏"背景"图层,如图4-44所示。

图 4-44 最终效果

1. 通过单一选区抠取商品图像

单一选区是指每次使用魔棒工具单击图像时，只能选择一个区域，再次单击时，则前面选择的区域将自动取消选择。图4-45所示为通过单一选区抠取商品图像的效果。

图4-45 通过单一选区抠取商品图像

2. 通过添加选区抠取商品图像

使用魔棒工具时，在工具属性栏中单击"添加到选区"按钮，可以在原有选区的基础上添加新选区，将新建的选区与原来的选区合并成为新的选区。

> **专家指点**
>
> 在"新选区"状态下，按住【Shift】键，可临时切换到"添加到选区"状态。

选取工具箱中的魔棒工具，在工具属性栏中选中"连续"复选框，在图像编辑窗口中单击背景区域，在工具属性栏中单击"添加到选区"按钮，多次单击背景区域，使背景全部被选中，单击"选择"|"反选"命令反选选区，按【Ctrl+J】组合键复制选区内的图像，建立"图层1"，隐藏"背景"图层，效果如图4-46所示。

图4-46 通过添加选区抠取商品图像

3. 通过减选选区抠取商品图像

使用魔棒工具时，在工具属性栏中单击"从选区减去"按钮，可以从原有选区中减去不需要的部分，从而得到新的选区。

选取工具箱中的魔棒工具，在图像编辑窗口中单击背景区域，在工具属性栏中单击"从选区减去"按钮，在图像中单击不需要的选区。单击"选择"|"反选"命令反选选区，按【Ctrl+J】组合键复制选区内的图像，建立"图层1"，隐藏"背景"图层，效果如图4-47所示。

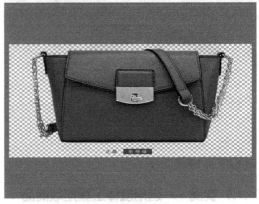

图4-47 通过减选选区抠取商品图像

4. 通过交叉选区抠取商品图像

交叉选区是指使用选区或套索工具在图形中创建选区，如果新创建的选区与原来的选区有相交部分，会将相交的部分作为新的选区。

选取工具箱中的矩形选框工具，在图像中的合适位置绘制一个矩形选区，如图4-48所示。

图 4-48 绘制矩形选区

选取工具箱中的魔棒工具,在工具属性栏中单击"与选区交叉"按钮,在中间蓝色区域单击,按【Ctrl+J】组合键复制选区内的图像,建立"图层1",隐藏"背景"图层,效果如图4-49所示。

图 4-49 通过交叉选区抠取商品图像

4.2 运用专业抠图方法抠取商品图像

本节主要介绍通过运用钢笔工具、矩形工具、椭圆工具、蒙版及通道抠取商品图像的操作进行讲解。

4.2.1 实战——运用钢笔工具绘制直线路径抠取商品图像

在处理商品图片时,若所拍摄的商品轮廓呈多边形,可使用钢笔工具绘制直线路径,然后转换为选区抠取商品。

下面介绍通过钢笔工具绘制直线路径抠取商品图像的具体操作方法。

素材位置	素材 > 第 4 章 > 图像 10.jpg
效果位置	效果 > 第 4 章 > 图像 10.psd
视频位置	视频 > 第 4 章 > 实战——运用钢笔工具绘制直线路径抠取商品图像 .mp4

01 单击"文件"|"打开"命令,打开一幅素材图像,如图4-50所示。

图 4-50 打开素材图像

02 选取工具箱中的钢笔工具,如图4-51所示。

图 4-51 选取钢笔工具

03 将鼠标指针移至图像编辑窗口中,沿图像边缘单击创建锚点绘制路径,如图4-52所示。

图 4-52 创建锚点绘制路径

04 单击"窗口"|"路径"命令,打开"路径"面板,单击"将路径作为选区载入"按钮,如图4-53所示,即可创建选区,效果如图4-54所示。

图 4-53 单击"将路径作为选区载入"按钮

图 4-54 创建选区

05 打开"图层"面板,按【Ctrl+J】组合键,得到"图层1",单击"背景"图层的"指示图层可见性"图标,隐藏"背景"图层,效果如图4-55所示。

图 4-55 最终效果

4.2.2 实战——运用钢笔工具绘制曲线路径抠取商品图像 重点

在修改商品图片时,如拍摄的商品边缘平滑,可使用钢笔工具绘制曲线路径抠取商品图像。

下面介绍通过钢笔工具绘制曲线路径抠取商品图像的具体操作方法。

素材位置	素材 > 第 4 章 > 图像 11.jpg
效果位置	效果 > 第 4 章 > 图像 11.psd
视频位置	视频 > 第 4 章 > 实战——运用钢笔工具绘制曲线路径抠取商品图像 .mp4

01 单击"文件"|"打开"命令,打开一幅素材图像,如图4-56所示。

图 4-56 打开素材图像

02 选取工具箱中的钢笔工具。

> **专家指点**
>
> 使用钢笔工具绘制路径时,按住【Shift】键,如果在已经绘制好的路径上单击,则禁止自动添加和删除锚点的操作,如果在路径之外单击,则强制绘制为45°角倍数的路径。

03 将鼠标指针移至图像编辑窗口中,在合适位置单击,绘制第一个锚点,如图4-57所示。

图 4-57 绘制第一个锚点

04 移动鼠标指针至合适位置后按住鼠标左键并拖曳鼠

标,可绘制第二个曲线锚点,将曲线调至和图像边缘重合的位置,如图4-58所示。

图 4-58 绘制第二个曲线锚点

05 按住【Alt】键,将鼠标指针移动至第二个曲线锚点上,当鼠标呈 形状时单击,即可删除一条控制柄,再次移动鼠标指针至合适位置按住鼠标左键并拖曳鼠标,绘制第三个锚点,将曲线调至和图像边缘重合位置,如图4-59所示。

图 4-59 绘制第三个锚点

06 重复以上操作,沿图像边缘绘制闭合路径,效果如图4-60所示。

图 4-60 绘制闭合路径

07 打开"路径"面板,单击"将路径作为选区载入"按钮 ,即可创建选区,效果如图4-61所示。

图 4-61 创建选区

08 打开"图层"面板,按【Ctrl+J】组合键得到"图层1",单击"背景"图层的"指示图层可见性"图标 ,隐藏"背景"图层,效果如图4-62所示。

图 4-62 最终效果

4.2.3 实战——运用自由钢笔工具绘制曲线路径抠取商品图像

在对商品图片进行处理时,若商品边缘不规则,则可以使用自由钢笔工具绘制路径抠取商品图像。

下面介绍通过自由钢笔工具绘制路径抠取商品图像的具体操作方法。

素材位置	素材 > 第 4 章 > 图像 12.jpg
效果位置	效果 > 第 4 章 > 图像 12.psd
视频位置	视频 > 第 4 章 > 实战——运用自由钢笔工具绘制曲线路径抠取商品图像 .mp4

01 单击"文件"|"打开"命令,打开一幅素材图像,如图4-63所示。

图 4-63 打开素材图像

02 选取工具箱中的自由钢笔工具，如图4-64所示。

03 在工具属性栏中选中"磁性的"复选框，如图4-65所示。

图4-64 选取自由钢笔工具　图4-65 选中"磁性的"复选框

04 移动鼠标指针至图像编辑窗口中的合适位置并单击，然后沿素材图像轮廓拖曳鼠标绘制路径，如图4-66所示。

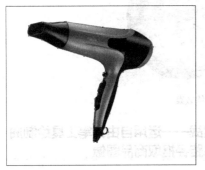

图4-66 绘制路径

> **专家指点**
>
> 使用自由钢笔工具可以随意绘图，不需要使用钢笔工具那样通过锚点来创建路径。自由钢笔工具属性栏与钢笔工具属性栏基本一致，只是将"自动添加/删除"复选框变为"磁性的"复选框。

05 打开"路径"面板，单击"将路径作为选区载入"按钮，即可创建选区，效果如图4-67所示。

图4-67 创建选区

06 打开"图层"面板，按【Ctrl+J】组合键得到"图层1"，单击"背景"图层的"指示图层可见性"图标，隐藏"背景"图层，效果如图4-68所示。

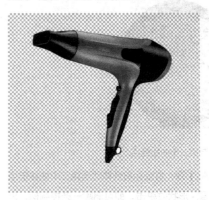

图4-68 最终效果

4.2.4 实战——运用矩形工具抠取商品图像

在修改商品图片时，若商品呈矩形，可使用矩形工具创建路径抠取商品图片。

下面介绍通过绘制矩形路径抠取商品图像的具体操作方法。

素材位置	素材>第4章>图像13.jpg
效果位置	效果>第4章>图像13.psd
视频位置	视频>第4章>实战——运用矩形工具抠取商品图像.mp4

01 单击"文件"|"打开"命令，打开一幅素材图像，如图4-69所示。

图4-69 打开素材图像

02 选取工具箱中的矩形工具，如图4-70所示。

03 在工具属性栏中设置工具模式为"路径"，如图4-71所示。

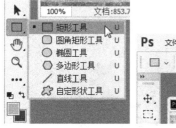

图 4-70 选取矩形工具　　图 4-71 设置工具模式

04 将鼠标指针移动至图像编辑窗口中的合适位置，按住鼠标左键并拖曳至合适位置，即可创建一个矩形路径，如图4-72所示。

图 4-72 创建矩形路径

05 单击"窗口"|"路径"命令，打开"路径"面板，单击"将路径作为选区载入"按钮，如图4-73所示，即可创建选区，如图4-74所示。

图 4-73 单击"将路径作为选区载入"按钮

图 4-74 创建选区

06 打开"图层"面板，按【Ctrl+J】组合键得到"图层1"，单击"背景"图层的"指示图层可见性"图标，隐藏"背景"图层，效果如图4-75所示。

图 4-75 最终效果

4.2.5 实战——运用椭圆工具抠取商品图像

在处理商品图片时，若商品呈椭圆形，可以使用椭圆工具创建路径来抠取商品图像。

下面介绍通过绘制椭圆路径抠取商品图像的具体操作方法。

素材位置	素材 > 第 4 章 > 图像 14.jpg
效果位置	效果 > 第 4 章 > 图像 14.psd
视频位置	视频 > 第 4 章 > 实战——运用椭圆工具抠取商品图像 .mp4

01 单击"文件"|"打开"命令，打开一幅素材图像，如图4-76所示。

图 4-76 打开素材图像

> **专家指点**
>
> 在运用椭圆工具绘制路径时，按住【Shift】键，可绘制一个正圆形路径；如果按住【Alt】键，可绘制以起点为中心的椭圆形路径。

02 在工具箱中选取椭圆工具，在图像编辑窗口中的合适位置创建一个椭圆形路径，如图4-77所示。

图 4-77 创建椭圆形路径

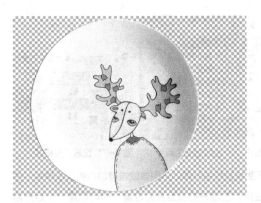

图 4-80 最终效果

03 按【Ctrl + T】组合键，对椭圆形路径进行适当旋转和调整，如图 4-78 所示。

图 4-78 旋转和调整路径

04 按【Enter】键确认调整，按【Ctrl + Enter】组合键，将路径转换为选区，如图4-79所示。

图 4-79 将路径转换为选区

05 打开"图层"面板，按【Ctrl + J】组合键得到"图层 1"，单击"背景"图层的"指示图层可见性"图标 ◎，隐藏"背景"图层，效果如图4-80所示。

4.2.6 实战——运用快速蒙版抠取商品图像

在处理商品图像时，若图片中的商品颜色和背景颜色呈渐变色或阴影变化丰富，这时可通过快速蒙版抠取商品图像。

> **专家指点**
>
> 一般使用"快速蒙版"模式都是从选区开始的，然后从中添加或者减去选区，以建立蒙版。使用快速蒙版可以通过绘图工具进行调整，以便创建复杂的选区。

下面介绍通过快速蒙版抠取商品图像的具体操作方法。

素材位置	素材 > 第 4 章 > 图像15.psd
效果位置	效果 > 第 4 章 > 图像15.psd
视频位置	视频 > 第 4 章 > 实战——运用快速蒙版抠取商品图像 .mp4

01 单击"文件"|"打开"命令，打开一幅素材图像，如图4-81所示。

图 4-81 打开素材图像

02 在"路径"面板中选择"工作路径"，如图4-82所示。

图 4-82 选择"工作路径"

03 按【Ctrl+Enter】组合键,将路径转换为选区,如图4-83所示。

图 4-83 将路径转换为选区

04 在工具箱底部单击"以快速蒙版模式编辑"按钮,如图4-84所示。执行操作后,即可启用快速蒙版,可以看到红色的保护区域,并可以看到少选的区域,如图4-85所示。

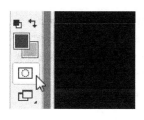

图 4-84 单击"以快速蒙版模式编辑"按钮

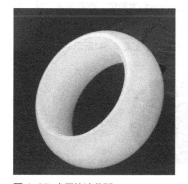

图 4-85 启用快速蒙版

05 选取工具箱中的画笔工具,设置画笔笔尖"大小"为20像素,"硬度"为100%,如图4-86所示。

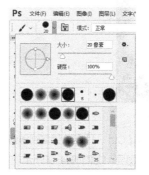

图 4-86 设置相应选项

06 单击"设置前景色"色块,弹出"拾色器(前景色)"对话框,设置前景色为黑色(RGB值均为0),如图4-87所示。

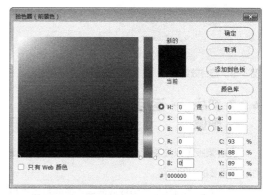

图 4-87 设置前景色为黑色

07 单击"确定"按钮,移动鼠标指针至图像编辑窗口中,按住鼠标左键并拖曳,进行适当擦除,如图4-88所示。

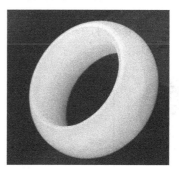

图 4-88 擦除图像

08 在工具箱底部单击"以标准模式编辑"按钮,退出快速蒙版模式,如图4-89所示。

技能提升篇

图4-89 退出快速蒙版模式

09 打开"图层"面板,按【Ctrl+J】组合键复制得到"图层1",并隐藏"背景"图层,效果如图4-90所示。

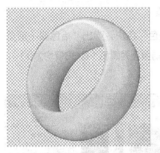

图4-90 最终效果

4.2.7 实战——运用图层蒙版抠取商品图像 【重点】

图层蒙版可以控制图层或图层组中不同区域的操作,是重要的抠图工具。

下面介绍通过图层蒙版抠取商品图像的具体操作方法。

素材位置	素材>第4章>图像16.psd
效果位置	效果>第4章>图像16.psd
视频位置	视频>第4章>实战——运用图层蒙版抠取商品图像.mp4

01 单击"文件"|"打开"命令,打开一幅素材图像,如图4-91所示。

图4-91 打开素材图像

02 在"图层"面板中选择"图层1",单击"添加图层蒙版"按钮 ,给当前图层添加图层蒙版,如图4-92所示。

图4-92 添加图层蒙版

03 单击图层缩览图,按【Ctrl+A】组合键全选图像,按【Ctrl+C】组合键复制图像,按住【Alt】键的同时单击图层蒙版缩览图,进入图层蒙版编辑状态,按【Ctrl+V】组合键粘贴图像,按【Ctrl+D】组合键取消选区,如图4-93所示。

图4-93 取消选区

> **专家指点**
>
> 要将图层复制到蒙版,需要先按住【Alt】键单击蒙版缩览图,进入蒙版编辑状态,然后执行"粘贴"命令,此时,由于蒙版是灰度图,所粘贴的图像会自动变成灰度图像。如果在标准模式下执行"粘贴"命令,则所粘贴的图像会自动放在一个新图层上。

04 单击"设置前景色"色块,弹出"拾色器(前景色)"对话框,设置前景色为黑色。选取画笔工具,设置画笔笔尖"大小"为100像素,"硬度"为50%,在图层蒙版中适当进行涂抹,如图4-94所示。

图4-94 适当涂抹图像

05 按【Ctrl+I】组合键反相图层蒙版，效果如图4-95所示。

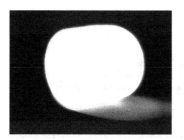

图 4-95 反相图层蒙版

06 选取减淡工具涂抹灰色区域，使灰色变成白色，如图4-96所示。

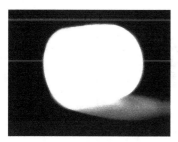

图 4-96 涂抹灰色区域

07 按住【Alt】键的同时单击图层蒙版缩览图，退出图层蒙版编辑状态，完成抠图，效果如图4-97所示。

图 4-97 最终效果

4.2.8 实战——运用矢量蒙版抠取商品图像

在做商品图片美化时，若商品图像轮廓分明，可使用矢量蒙版抠取商品图像。矢量蒙版主要借助路径来创建，利用路径选择图像后，通过矢量蒙版可以快速进行图像的抠取。

下面介绍通过矢量蒙版抠取商品图像的具体操作方法。

素材位置	素材＞第4章＞图像17.psd
效果位置	效果＞第4章＞图像17.psd
视频位置	视频＞第4章＞实战——运用矢量蒙版抠取商品图像.mp4

01 单击"文件"|"打开"命令，打开一幅素材图像，如图4-98所示。

图 4-98 打开素材图像

02 按【Ctrl+J】组合键，新建"图层1"，如图4-99所示。

03 打开"路径"面板，选择"工作路径"，如图4-100所示。

图 4-99 新建"图层1"图层　　图 4-100 选择"工作路径"

04 单击"图层"|"矢量蒙版"|"当前路径"命令，如图4-101所示。

图 4-101 单击"当前路径"命令

05 在"图层"面板中单击"背景"图层的"指示图层

可见性"图标 ,隐藏"背景"图层,效果如图4-102所示。

图4-102 最终效果

4.2.9 实战——运用通道对比处理商品图像 进阶

在抠图时,有些图像与背景过于相近,导致抠图不是那么方便,此时可以利用"通道"面板,结合其他命令对图像进行适当调整。

下面介绍运用通道对比抠取商品图像的具体操作方法。

素材位置	素材>第4章>图像18.jpg
效果位置	效果>第4章>图像18.psd
视频位置	视频>第4章>实战——运用通道对比处理商品图像.mp4

01 单击"文件"|"打开"命令,打开一幅素材图像,如图4-103所示。

图4-103 打开素材图像

02 打开"通道"面板,分别单击各个通道,查看通道显示效果。拖曳"红"通道至面板底部的"创建新通道"按钮 上,复制一个通道,如图4-104所示。

03 选择复制的"红 拷贝"通道,单击"图像"|"调整"|"亮度/对比度"命令,弹出"亮度/对比度"对话框,设置"亮度"为-20,"对比度"为55,如图4-105所示。

图4-104 复制通道　　图4-105 设置相应参数

04 选取快速选择工具,设置画笔笔尖"大小"为40像素,在商品图像上拖曳鼠标创建选区,如果有多余的部分,单击工具属性栏中的"从选区减去"按钮 ,将画笔笔尖调小,减去多余部分,如图4-106所示。

图4-106 创建选区

05 在"通道"面板中单击RGB通道,退出单通道模式,返回到RGB模式,如图4-107所示。

图4-107 返回RGB模式

06 按【Ctrl+J】组合键复制一个新的图层,并隐藏"背景"图层,如图4-108所示。

图4-108 最终效果

4.2.10 实战——运用通道对比处理透明商品图像

在"通道"面板中,显示为白色的为选区部分,黑色的为非选区部分。抠出图像后,介于黑色和白色之间的灰色,即为半透明部分。

下面介绍利用通道抠取透明商品图像的具体操作方法。

素材位置	素材＞第4章＞图像19.jpg
效果位置	效果＞第4章＞图像19.psd
视频位置	视频＞第4章＞实战——运用通道对比处理透明商品图像.mp4

01 单击"文件"|"打开"命令,打开一幅素材图像,如图4-109所示。

图4-109 打开素材图像

02 打开"通道"面板,拖曳"蓝"通道至面板底部的"创建新通道"按钮 上,复制"蓝"通道,如图4-110所示。

图4-110 复制通道

03 单击"图像"|"调整"|"反相"命令,将图像反相,如图4-111所示。

图4-111 反相图像

> **专家指点**
>
> 除了运用上述方法反相图像外,还可以按【Ctrl+I】组合键,快速反相图像。

04 单击"图像"|"调整"|"色阶"命令,弹出"色阶"对话框,单击"在图像中取样以设置黑场"按钮,在背景处单击设置黑场,如图4-112所示。

图4-112 单击相应按钮

05 单击"确定"按钮,选择画笔工具 ,在工具属性栏中设置画笔笔尖"大小"为10像素,"不透明度"为100%,设置前景色为白色,在商品图像上的黑色区域涂抹,如图4-113所示。

图4-113 适当涂抹图像

06 按住【Ctrl】键的同时单击"蓝 拷贝"通道,载入选区,单击RGB通道,返回RGB模式,如图4-114所示。

图 4-114 返回 RGB 模式

07 按【Ctrl+J】组合键,复制一个新图层,单击"背景"图层的"指示图层可见性"图标 ,即可隐藏"背景"图层,效果如图4-115所示。

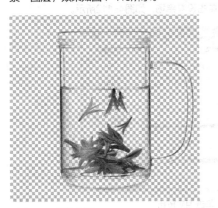

图 4-115 最终效果

4.3 习题

为了帮助读者更好地掌握所学知识,本书重要章节将通过上机练习,对本章内容进行简单的回顾和补充。

习题1 通过"全部"命令抠取商品图像

素材位置	素材 > 第 4 章 > 图像 20.jpg、图像 21.jpg
效果位置	效果 > 第 4 章 > 图像 20.psd、图像 21.psd
视频位置	视频 > 第 4 章 > 习题 1:通过"全部"命令抠取商品图像 .mp4

练习通过"全部"命令更便捷、快速地抠取商品图像,素材如图4-116所示,最终效果如图4-117所示。

图 4-116 素材图像

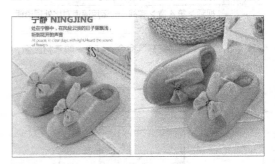

图 4-117 效果图像

习题2 通过"色彩范围"命令抠取商品图像

素材位置	素材 > 第 4 章 > 图像 22.jpg
效果位置	效果 > 第 4 章 > 图像 22.psd
视频位置	视频 > 第 4 章 > 习题 2:通过"色彩范围"命令抠取商品图像 .mp4

练习通过"色彩范围"命令,利用图像中的颜色变化关系来抠取商品图像,素材如图4-118所示,最终效果如图4-119所示。

图 4-118 素材图像

图 4-119 最终效果

图 4-120 素材图像

图 4-121 最终效果

习题3 通过"正片叠底"模式抠取商品图像

素材位置	素材 > 第 4 章 > 图像 23.jpg
效果位置	效果 > 第 4 章 > 图像 23.psd
视频位置	视频 > 第 4 章 > 习题 3：通过"正片叠底"模式抠取商品图像 .mp4

练习通过"正片叠底"模式快速将白色背景图像叠加抠出，素材如图 4-120 所示，最终效果如图 4-121 所示。

第 05 章 运用颜色调整美化商品图像

在商品拍摄过程中,由于受光线、技术、拍摄设备等因素的影响,拍摄出来的商品照片往往会有一些不足。为了把商品最好的一面展现给买家,使用Photoshop给商品图像调色就显得尤为重要。本章将详细介绍Photoshop常用的调色方法。

课堂学习目标
- 掌握运用"色板"面板填充颜色的方法
- 掌握运用渐变工具填充双色图像背景的方法
- 掌握运用"曲线"命令调整图像色调的方法
- 掌握运用"色相/饱和度"命令调整图像色调的方法

扫码观看本章实战操作视频

5.1 给商品图像填充颜色

在网店装修设计中,商品颜色的选取常常会难住一批人,而利用Photoshop中的"颜色"面板可以快速选取颜色,并能利用填充工具进行填充。

5.1.1 实战——更换商品图像背景

在使用"颜色"面板选取颜色时,可以通过设置不同参数值来调整前景色和背景色。

下面介绍运用"颜色"面板选择并填充商品图像背景的具体操作方法。

素材位置	素材 > 第 5 章 > 图像 1.jpg
效果位置	效果 > 第 5 章 > 图像 1.jpg
视频位置	视频 > 第 5 章 > 实战——更换商品图像背景 .mp4

01 单击"文件"|"打开"命令,打开一幅素材图像,如图5-1所示。

图 5-1 打开素材图像

02 选取工具箱中的魔棒工具,在工具属性栏中设置"容差"为10像素,在图像中的背景区域单击,创建一个选区,如图5-2所示。

图 5-2 创建选区

03 单击"窗口"|"颜色"命令,打开"颜色"面板,设置前景色为白色(RGB参数值均为255),如图5-3所示。

图 5-3 设置前景色为白色

04 按【Alt + Delete】组合键,即可为选区填充前景色,如图5-4所示。

图 5-4 填充前景色

05 按【Ctrl+D】组合键取消选区，效果如图5-5所示。

图 5-5 最终效果

5.1.2 实战——更换商品图像颜色

"色板"面板中的颜色是系统预设的，可以直接在其中选取颜色而不用专门设置，还可以在"色板"面板中调整颜色。

下面介绍运用"色板"面板选择颜色并填充商品图像的具体操作方法。

素材位置	素材 > 第 5 章 > 图像 2.jpg
效果位置	效果 > 第 5 章 > 图像 2.jpg
视频位置	视频 > 第 5 章 > 实战——更换商品图像颜色 .mp4

01 单击"文件"|"打开"命令，打开一幅素材图像，如图5-6所示。

图 5-6 打开素材图像

02 选取工具箱中的魔棒工具，在图像中要选取的位置多次单击，创建一个选区，如图5-7所示。

图 5-7 创建选区

03 单击"窗口"|"色板"命令，打开"色板"面板，在其中单击"蜡笔洋红"色块，如图5-8所示。

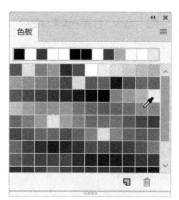

图 5-8 单击"蜡笔洋红"色块

04 选取工具箱中的油漆桶工具，在选区中单击，即可填充颜色，如图5-9所示。

图 5-9 填充颜色

05 按【Ctrl+D】组合键取消选区，效果如图5-10所示。

图 5-10 最终效果

5.1.3 实战——运用渐变工具填充渐变背景

在进行商品图像处理时，可以使用渐变工具对图像进行双色填充。

下面介绍运用渐变工具填充渐变背景的具体操作方法。

素材位置	素材＞第5章＞图像3.psd
效果位置	效果＞第5章＞图像3.psd
视频位置	视频＞第5章＞实战——运用渐变工具填充渐变背景.mp4

01 单击"文件"|"打开"命令，打开一幅素材图像，如图5-11所示。

图 5-11 打开素材图像

02 在"图层"面板中选择"背景"图层，如图5-12所示。

图 5-12 选择"背景"图层

03 单击前景色色块，弹出"拾色器（前景色）"对话框，设置前景色为浅粉色（RGB参数值为248、231、239），单击"确定"按钮，如图5-13所示。

图 5-13 设置前景色为浅粉色

04 单击背景色色块，弹出"拾色器（背景色）"对话框，设置背景色为白色（RGB各项参数值均为255），单击"确定"按钮，如图5-14所示。

图 5-14 设置背景色为白色

05 选取工具箱中的渐变工具，在工具属性栏中单击"点按可编辑渐变"色块，如图5-15所示。

06 弹出"渐变编辑器"窗口，在"预设"列表框中选择"前景色到背景色渐变"色块，如图5-16所示。

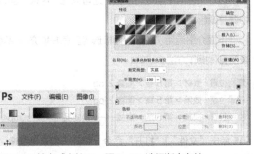

图 5-15 单击"点按可编辑渐变"色块　　图 5-16 选择渐变色块

07 单击"确定"按钮，将鼠标指针移动至图像编辑窗口的上方，按住【Shift】键的同时，按住鼠标左键从上到下拖曳，即可填充渐变颜色，如图5-17所示。

图 5-17 填充渐变颜色

5.2 调整商品图像颜色

商品照片拍摄出来后,会有一些颜色偏差问题,在 Photoshop 中进行商品图像后期处理时,可以运用以下方式对颜色偏差进行调整。

5.2.1 实战——运用"自动对比度"命令调整商品图像对比度

若商品图像颜色层次不够丰富,则可以使用"自动对比度"命令来调整商品图像的对比度。

专家指点

按【Alt+Shift+Ctrl+L】组合键可以执行"自动对比度"命令,调整图像色彩。
使用"自动对比度"命令可以自动调整图像中颜色的总体对比度和混合颜色,它将图像中最亮和最暗的像素映射为白色和黑色,使高光显得更亮,而暗调显得更暗,使图像对比度加强,看上去更有立体感,光线效果更加强烈。

下面介绍通过"自动对比度"命令调整商品图像对比度的具体操作方法。

素材位置	素材 > 第 5 章 > 图像 4.jpg
效果位置	效果 > 第 5 章 > 图像 4.jpg
视频位置	视频 > 第 5 章 > 实战——运用"自动对比度"命令调整商品图像对比度 .mp4

01 单击"文件"|"打开"命令,打开一幅素材图像,如图 5-18 所示。

图 5-18 打开素材图像

02 单击"图像"|"自动对比度"命令,即可调整图像对比度,效果如图 5-19 所示。

图 5-19 最终效果

5.2.2 实战——运用"亮度/对比度"命令调整商品图像明暗 **重点**

由于拍摄光线和拍摄设备等原因,商品图像颜色暗沉,可通过"亮度/对比度"命令调整商品图像颜色。

下面介绍通过"亮度/对比度"命令调整商品图像明暗的具体操作方法。

素材位置	素材 > 第 5 章 > 图像 5.jpg
效果位置	效果 > 第 5 章 > 图像 5.jpg
视频位置	视频 > 第 5 章 > 实战——运用"亮度/对比度"命令调整商品图像明暗 .mp4

01 单击"文件"|"打开"命令,打开一幅素材图像,如图 5-20 所示。

图 5-20 打开素材图像

02 单击"图像"|"调整"|"亮度/对比度"命令,弹出"亮度/对比度"对话框,设置"亮度"为 15,"对比度"为 11,如图 5-21 所示。

图 5-21 设置参数

03 单击"确定"按钮,即可调整图像的亮度与对比度,效果如图5-22所示。

图 5-22 最终效果

5.2.3 实战——运用"色阶"命令调整商品图像亮度范围

若发现商品图像色调由于拍摄问题而偏暗,可以通过"色阶"命令来调整图像亮度范围,提高图像亮度。

下面介绍通过"色阶"命令调整商品图像亮度范围的具体操作方法。

素材位置	素材＞第5章＞图像6.jpg
效果位置	效果＞第5章＞图像6.psd
视频位置	视频＞第5章＞实战——运用"色阶"命令调整商品图像亮度范围.mp4

01 单击"文件"|"打开"命令,打开一幅素材图像,如图5-23所示。

图 5-23 打开素材图像

02 单击"图像"|"调整"|"色阶"命令,弹出"色阶"对话框,设置"输入色阶"各参数值分别为0、1.21、255,如图5-24所示。

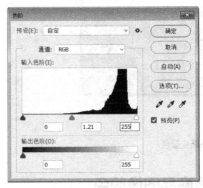

图 5-24 设置参数

03 单击"确定"按钮,即可调整图像的亮度范围,图像效果如图5-25所示。

图 5-25 最终效果

> **专家指点**
>
> 色阶是指图像中的颜色或颜色的某一个成分的亮度范围。"色阶"命令通过调整图像的阴影、中间调和高光的强度级别,校正图像的色调范围和色彩平衡。

5.2.4 实战——运用"曲线"命令调整商品图像色调 **重点**

若商品图像由于光线影响而色调偏暗,可通过"曲线"命令调整商品图像色调。

下面介绍通过"曲线"命令调整商品图像色调的具体操作方法。

素材位置	素材＞第 5 章＞图像 7.jpg
效果位置	效果＞第 5 章＞图像 7.jpg
视频位置	视频＞第 5 章＞实战——运用"曲线"命令调整商品图像色调 .mp4

01 单击"文件"|"打开"命令，打开一幅素材图像，如图5-26所示。

图 5-26 打开素材图像

02 单击"图像"|"调整"|"曲线"命令，弹出"曲线"对话框，在网格中单击，建立曲线节点后，设置"输出"和"输入"值分别为155、115，如图5-27所示。

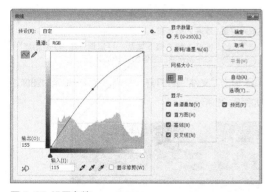

图 5-27 设置参数

03 单击"确定"按钮，即可调整图像的整体色调，效果如图5-28所示。

图 5-28 最终效果

5.2.5 实战——运用"曝光度"命令调整商品图像曝光度

在商品拍摄过程中，经常会因为曝光过度而导致图像偏白，或因为曝光不足而导致图像偏暗。此时可以通过"曝光度"命令来调整图像的曝光度，使图像曝光正常。

下面介绍通过"曝光度"命令调整商品图像曝光度的具体操作方法。

素材位置	素材＞第 5 章＞图像 8.jpg
效果位置	效果＞第 5 章＞图像 8.jpg
视频位置	视频＞第 5 章＞实战——运用"曝光度"命令调整商品图像曝光度 .mp4

01 单击"文件"|"打开"命令，打开一幅素材图像，如图5-29所示。

图 5-29 打开素材图像

02 单击"图像"|"调整"|"曝光度"命令，弹出"曝光度"对话框，设置"曝光度"为0.74，"灰度系数校正"为0.9，如图5-30所示。

图 5-30 设置参数

03 单击"确定"按钮，即可调整图像的曝光度，效果如图5-31所示。

> **专家指点**
>
> "曝光度"对话框中的"位移"参数使阴影和中间调变暗，对高光的影响很轻微；"灰度系数校正"参数使用简单乘方函数调整图像灰度系数，负值会被视为相应的正值。

图 5-31 最终效果

5.2.6 实战——运用"自然饱和度"命令调整商品图像颜色饱和度 进阶

在商品拍摄过程中,经常会受光线、拍摄设备和环境影响,导致商品图像颜色减淡,这时可通过"自然饱和度"命令调整商品图像颜色的饱和度。

下面介绍通过"自然饱和度"命令调整商品图像颜色饱和度的具体操作方法。

素材位置	素材 > 第 5 章 > 图像 9.jpg
效果位置	效果 > 第 5 章 > 图像 9.jpg
视频位置	视频 > 第 5 章 > 实战——运用"自然饱和度"命令调整商品图像颜色饱和度 .mp4

01 单击"文件"|"打开"命令,打开一幅素材图像,如图5-32所示。

图 5-32 打开素材图像

02 单击"图像"|"调整"|"自然饱和度"命令,弹出"自然饱和度"对话框,设置"自然饱和度"为-53,"饱和度"为100,如图5-33所示。

图 5-33 设置参数

03 单击"确定"按钮,即可调整图像的饱和度,效果如图5-34所示。

图 5-34 最终效果

5.2.7 实战——运用"色相/饱和度"命令调整商品图像色调 重点

在商品图像颜色暗淡时,也可通过"色相/饱和度"命令调整商品图像的色调。

下面介绍通过"色相/饱和度"命令调整商品图像色相与饱和度的具体操作方法。

素材位置	素材 > 第 5 章 > 图像 10.jpg
效果位置	效果 > 第 5 章 > 图像 10.jpg
视频位置	视频 > 第 5 章 > 实战——运用"色相/饱和度"命令调整商品图像色调 .mp4

01 单击"文件"|"打开"命令,打开一幅素材图像,如图5-35所示。

图 5-35 打开素材图像

02 单击"图像"|"调整"|"色相/饱和度"命令,弹出"色相/饱和度"对话框,设置"色相"为20,"饱和度"为10,"明度"为5,如图5-36所示。

图 5-36 设置参数

> **专家指点**
>
> "色相/饱和度"命令可以调整整幅图像或单个颜色分量的色相、饱和度和亮度值。

03 单击"确定"按钮,即可调整图像色调,效果如图5-37所示。

图 5-37 最终效果

5.2.8 实战——运用"色彩平衡"命令处理商品图像偏色问题 `进阶`

在商品图像存在偏色问题时,可通过"色彩平衡"命令调整商品图像色调,校正图像偏色。

下面介绍通过"色彩平衡"命令处理商品图像偏色问题的具体操作方法。

素材位置	素材>第5章>图像11.jpg
效果位置	效果>第5章>图像11.jpg
视频位置	视频>第5章>实战——运用"色彩平衡"命令处理商品图像偏色问题.mp4

01 单击"文件"|"打开"命令,打开一幅素材图像,如图5-38所示。

图 5-38 打开素材图像

02 单击"图像"|"调整"|"色彩平衡"命令,弹出"色彩平衡"对话框,选中"中间调"单选按钮,设置"色阶"依次为-15、5、6,如图5-39所示。

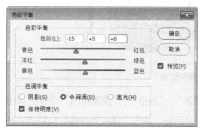

图 5-39 设置参数

03 单击"确定"按钮,即可校正图像偏色,效果如图5-40所示。

图 5-40 最终效果

5.2.9 实战——运用"替换颜色"命令替换商品图像颜色 `进阶`

在拍摄商品照片时,经常受拍摄设备或环境影响,导致商品照片和商品本身存在色差,这时可通过"替换颜色"命令替换商品图像颜色。

下面介绍通过"替换颜色"命令替换商品图像颜色的具体操作方法。

素材位置	素材＞第5章＞图像12.jpg
效果位置	效果＞第5章＞图像12.jpg
视频位置	视频＞第5章＞实战——运用"替换颜色"命令替换商品图像颜色.mp4

01 单击"文件"|"打开"命令，打开一幅素材图像，如图5-41所示。

图 5-41 打开素材图像

02 单击"图像"|"调整"|"替换颜色"命令，弹出"替换颜色"对话框，单击"添加到取样"按钮，在在预览区域多次单击，选中需要替换颜色的区域，如图5-42所示。

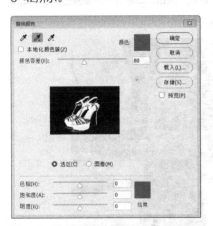

图 5-42 选中需要替换的颜色

03 单击"结果"色块，弹出"拾色器（结果颜色）"对话框，设置RGB参数值为225、235、252，如图5-43所示。

图 5-43 设置 RGB 参数值

04 单击"确定"按钮，返回"替换颜色"对话框，设置"颜色容差"为100，"色相"为5，如图5-44所示。

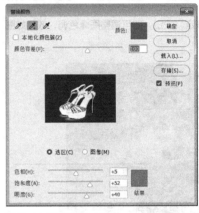

图 5-44 设置参数

05 单击"确定"按钮，即可替换图像颜色，效果如图5-45所示。

图 5-45 最终效果

5.2.10 实战——运用"可选颜色"命令改变商品图像颜色

由于光线、拍摄设备等因素，拍摄的商品图像颜色有时会出现不平衡的情况。在处理商品图像时,可使用"可选颜色"命令校正商品图像颜色。

下面介绍通过"可选颜色"命令改变商品图像颜色的具体操作方法。

素材位置	素材＞第 5 章＞图像 13.jpg
效果位置	效果＞第 5 章＞图像 13.jpg
视频位置	视频＞第 5 章＞实战——运用"可选颜色"命令改变商品图像颜色 .mp4

01 单击"文件"|"打开"命令,打开一幅素材图像,如图5-46所示。

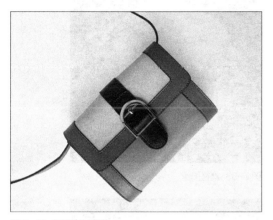

图 5-46 打开素材图像

02 单击"图像"|"调整"|"可选颜色"命令,弹出"可选颜色"对话框,设置"青色"为-15%,"洋红"为60%,"黄色"为40%,"黑色"为-8%,如图5-47所示。

图 5-47 设置参数

03 单击"确定"按钮,即可改变图像颜色,效果如图5-48所示。

图 5-48 最终效果

5.3 习题

习题1 使用快捷菜单为商品图像填充颜色

素材位置	素材＞第 5 章＞图像 14.jpg
效果位置	效果＞第 5 章＞图像 14.jpg
视频位置	视频＞第 5 章＞习题 1：使用快捷菜单为商品图像填充颜色 .mp4

练习通过快捷菜单快速为当前图层或创建的选区填充颜色,素材如图5-49所示,最终效果如图5-50所示。

图 5-49 素材图像

图 5-50 最终效果

习题2 使用"照片滤镜"命令过滤商品图像色调

素材位置	素材＞第5章＞图像15.jpg
效果位置	效果＞第5章＞图像15.jpg
视频位置	视频＞第5章＞习题2：使用"照片滤镜"命令过滤商品图像色调.mp4

练习通过"照片滤镜"命令，改变背景颜色和商品图像色调，素材如图5-51所示，最终效果如图5-52所示。

图5-51 素材图像

图5-52 最终效果

习题3 使用"去色"命令制作灰度商品图像效果

素材位置	素材＞第5章＞图像16.jpg
效果位置	效果＞第5章＞图像16.jpg
视频位置	视频＞第5章＞习题3：使用"去色"命令制作灰度商品图像效果.mp4

练习通过"去色"命令使图像呈现灰度效果，素材如图5-53所示，最终效果如图5-54所示。

图5-53 素材图像

图5-54 最终效果

第 06 章 店铺装修的文字编排设计

不管是在网店设计,还是在商品促销中,文字的使用是非常广泛的。通过对文字进行编排与设计,不但能够更有效地表现活动主题,还可以对商品图像起到美化作用,增强图像的视觉效果。本章将详细讲述网店文字编排设计的方法。

扫码观看本章实战操作视频

课堂学习目标

- 掌握横排文字的制作方法
- 掌握文字沿路径排列的方法
- 掌握段落文字的制作方法
- 掌握文字描边效果的制作方法

6.1 商品文字的输入与编辑

Photoshop提供了4种文字输入工具,分别为横排文字工具、直排文字工具、横排文字蒙版工具和直排文字蒙版工具,选择不同的文字工具可创建不同类型的文字效果。

6.1.1 实战——店铺商品横排文字效果的制作 【重点】

在处理商品图片时,经常需要在商品图片上附上商品说明,这时可通过横排文字工具输入文字。

下面详细介绍制作商品横排文字效果的操作方法。

素材位置	素材＞第6章＞图像1.jpg
效果位置	效果＞第6章＞图像1.psd
视频位置	视频＞第6章＞实战——店铺商品横排文字效果的制作.mp4

01 单击"文件"|"打开"命令,打开一幅素材图像,如图6-1所示。

图6-1 打开素材图像

02 在工具箱中选取横排文字工具,如图6-2所示。

图6-2 选取横排文字工具

03 在图像编辑窗口中单击确定文字的插入点,如图6-3所示。

图6-3 确定文字的插入点

04 在工具属性栏中设置"字体"为"方正细黑一简体","字体大小"为10点,如图6-4所示。

图6-4 设置相应选项

专家指点

编辑文字时，可以在工具属性栏中设置文字的字体、字号、颜色及样式等属性，也可以在"字符"面板中设置文字的各种属性。

05 在工具属性栏中单击"颜色"色块，弹出"拾色器（文本颜色）"对话框，设置颜色为深灰色（RGB各项参数值均为85），如图6-5所示。

图6-5 设置颜色为深灰色

06 单击"确定"按钮后，输入文字，效果如图6-6所示。

图6-6 输入文字

07 单击工具属性栏右侧的"提交所有当前编辑"按钮✓，即可结束当前文字输入，如图6-7所示。

图6-7 单击"提交所有当前编辑"按钮

08 选取工具箱中的移动工具，将文字移动至合适位置，最终效果如图6-8所示。

图6-8 最终效果

6.1.2 实战——店铺商品直排文字效果的制作 重点

要在商品图片上附上竖排文字说明时，可通过直排文字工具输入文字。

下面详细介绍制作商品直排文字效果的操作方法。

素材位置	素材 > 第6章 > 图像2.jpg
效果位置	效果 > 第6章 > 图像2.psd
视频位置	视频 > 第6章 > 实战——店铺商品直排文字效果的制作.mp4

01 单击"文件"|"打开"命令，打开一幅素材图像，如图6-9所示。

图6-9 打开素材图像

02 在工具箱中选取直排文字工具，如图6-10所示。

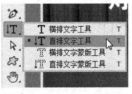

图6-10 选取直排文字工具

03 在图像编辑窗口中单击确定文字的插入点，如图6-11所示。

图 6-11 确定文字的插入点

04 在工具属性栏中设置"字体"为"方正准圆简体","字体大小"为9点,如图6-12所示。

图 6-12 设置相应选项

05 在工具属性栏中单击"颜色"色块,弹出"拾色器(文本颜色)"对话框,设置颜色为白色,如图6-13所示。

图 6-13 设置颜色为白色

06 单击"确定"按钮后,输入文字,效果如图6-14所示。

图 6-14 输入文字

07 单击工具属性栏右侧的"提交所有当前编辑"按钮✓,即可结束当前文字输入。

> **专家指点**
>
> 按【Ctrl+Enter】组合键,也可确认输入的文字。如果单击工具属性栏中的"取消所有当前编辑"按钮,则可以清除输入的文字。

08 选取工具箱中的移动工具,将文字移动至合适位置,最终效果如图6-15所示。

图 6-15 最终效果

6.1.3 实战——商品段落文字效果的制作

在处理商品图片时,经常需要在商品图片上附上文字说明或商品描述等,若输入文字较多,可输入段落文字。

下面详细介绍制作商品文字段落效果的操作方法。

素材位置	素材 > 第 6 章 > 图像 3.jpg
效果位置	效果 > 第 6 章 > 图像 3.psd
视频位置	视频 > 第 6 章 > 实战——商品段落文字效果的制作.mp4

01 单击"文件"|"打开"命令,打开一幅素材图像,如图6-16所示。

图 6-16 打开素材图像

02 在工具箱中选取横排文字工具，在图像编辑窗口中按住鼠标左键并拖曳鼠标至合适位置，即可创建一个文本框，如图6-17所示。

图 6-17 创建文本框

03 在工具属性栏中设置"字体"为"方正准圆简体"，"字体大小"为7点，如图6-18所示。

图 6-18 设置相应选项

04 在工具属性栏中单击"颜色"色块，弹出"拾色器（文本颜色）"对话框，设置颜色为深灰色（RGB各项参数值均为56），如图6-19所示。

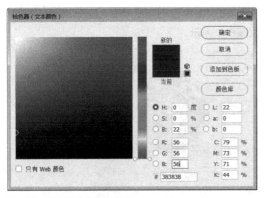

图 6-19 设置颜色为深灰色

05 单击"确定"按钮后，输入文字，效果如图6-20所示。

图 6-20 输入文字

06 单击工具属性栏右侧的"提交所有当前编辑"按钮✓，确认当前文字输入。

07 选取工具箱中的移动工具，将文字移动至合适位置，最终效果如图6-21所示。

图 6-21 最终效果

6.1.4 实战——商品文字段落属性的设置 〔进阶〕

若想改变商品描述段落文字显示效果，可以通过设置段落属性来实现。下面详细介绍设置商品文字段落属性的操作方法。

素材位置	素材 > 第 6 章 > 图像 4.psd
效果位置	效果 > 第 6 章 > 图像 4.psd
视频位置	视频 > 第 6 章 > 实战——商品文字段落属性的设置 .mp4

01 单击"文件"|"打开"命令，打开一幅素材图像，如图6-22所示。

图 6-22 打开素材图像

02 在"图层"面板中选择文字图层,如图6-23所示。

图 6-23 选择文字图层

03 单击"窗口"|"段落"命令,打开"段落"面板,单击"居中对齐文本"按钮,如图6-24所示。执行操作后,即可更改文字对齐属性,再使用移动工具进行调整,效果如图6-25所示。

图 6-24 单击"居中对齐文本"按钮

图 6-25 最终效果

6.1.5 实战——利用横排文字蒙版制作商品文字 进阶

除了横排文字工具和直排文字工具,还有两种文字蒙版工具,用来创建文字选区。

下面详细介绍利用横排文字蒙版制作商品文字的操作方法。

素材位置	素材 > 第 6 章 > 图像 5.jpg
效果位置	效果 > 第 6 章 > 图像 5.jpg
视频	视频 > 第 6 章 > 实战——利用横排文字蒙版制作商品文字 .mp4

01 单击"文件"|"打开"命令,打开一幅素材图像,如图6-26所示。

图 6-26 打开素材

02 在工具箱中选取横排文字蒙版工具,如图6-27所示。

图 6-27 选取横排文字蒙版工具

03 在图像编辑窗口中单击确定文字的插入点,此时图像呈淡红色,如图6-28所示。

图6-28 确定文字插入点

04 在工具属性栏中设置"字体"为"叶根友毛笔行书","字体大小"为14点,如图6-29所示。

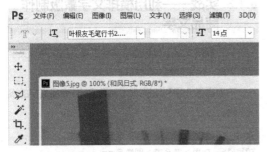

图6-29 设置相应选项

05 输入文字,此时的文字呈实体显示,如图6-30所示。

图6-30 输入文字

06 单击工具属性栏右侧的"提交所有当前编辑"按钮✓,即可结束当前文字输入,创建文字选区,效果如图6-31所示。

图6-31 创建文字选区

07 在工具箱底部单击前景色色块,弹出"拾色器(前景色)"对话框,设置前景色为黑色,如图6-32所示。

图6-32 设置前景色为黑色

08 单击"确定"按钮,按【Alt+Delete】组合键为选区填充前景色,效果如图6-33所示。

图6-33 为选区填充前景色

09 按【Ctrl+D】组合键取消选区,文字效果如图6-34所示。

图6-34 最终效果

6.1.6 实战——文字方向互换

在进行商品图片后期处理时,商品文字可随意互换排列方向。下面详细介绍商品文字方向互换的操作方法。

素材位置	素材 > 第6章 > 图像6.psd
效果位置	效果 > 第6章 > 图像6.psd
视频位置	视频 > 第6章 > 实战——文字方向互换.mp4

01 单击"文件"|"打开"命令,打开一幅素材图像,如图6-35所示。

第 06 章　店铺装修的文字编排设计

图 6-35　打开素材图像

02 在"图层"面板中选择文字图层，如图6-36所示。

03 选取工具箱中的横排文字工具，在工具属性栏中单击"切换文本取向"按钮，如图6-37所示。执行操作后，即可更改文本的排列方向。选取移动工具，调整文字的位置，效果如图6-38所示。

图 6-36　选择文字图层

图 6-37　单击"切换文本取向"按钮

图 6-38　最终效果

6.1.7 实战——文字沿路径排列效果的制作　进阶

在进行商品图片后期处理时，可通过绘制路径，沿路径排列文字，制作特殊的排列效果。

下面详细介绍制作商品文字沿路径排列效果的操作方法。

素材位置	素材＞第6章＞图像7.jpg
效果位置	效果＞第6章＞图像7.psd
视频位置	视频＞第6章＞实战——文字沿路径排列效果的制作.mp4

01 单击"文件"|"打开"命令，打开一幅素材图像，如图6-39所示。

图 6-39　打开素材图像

02 在工具箱中选取钢笔工具，在图像中的合适位置绘制一条曲线路径，如图6-40所示。

图 6-40　绘制曲线路径

03 选取工具箱中的横排文字工具，在路径上单击，确定文字插入点，如图6-41所示。

图 6-41　确定文字插入点

> **专家指点**
> 如果在路径上输入横排文字，文字方向将与基线垂直；在路径上输入直排文字，文字方向将与基线平行。

04 在工具属性栏中设置"字体"为"方正中倩简体"，"字体大小"为8点，如图6-42所示。

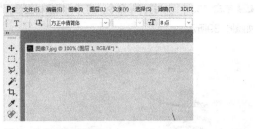

图 6-42 设置相应选项

05 在工具属性栏中单击"颜色"色块,弹出"拾色器(文本颜色)"对话框,设置颜色为咖色(RGB参数值为157、119、91),如图6-43所示。

图 6-43 设置颜色为咖色

06 单击"确定"按钮后,输入文字,按【Ctrl+Enter】组合键确认文字输入,并隐藏路径,效果如图6-44所示。

图 6-44 最终效果

6.1.8 实战——路径文字位置的调整

若想改变商品文字在路径上的位置,可通过路径选择工具调整文字的起始位置。

下面详细介绍调整路径文字位置的操作方法。

素材位置	素材>第6章>图像8.psd
效果位置	效果>第6章>图像8.psd
视频位置	视频>第6章>实战——路径文字位置的调整.mp4

01 单击"文件"|"打开"命令,打开一幅素材图像,如图6-45所示。

图 6-45 打开素材图像

02 在"图层"面板中选择文字图层,打开"路径"面板,选择文字路径,如图6-46所示。

图 6-46 选择文字路径

03 选取工具箱中的路径选择工具,在图像中的文字路径上单击,调整文字位置,如图6-47所示。

图 6-47 调整文字位置

04 按【Enter】键确认,即可调整文字位置,效果如图6-48所示。

第 06 章 店铺装修的文字编排设计

图 6-48 最终效果

6.2 商品文字特效的制作

在设计网店商品图像的文字效果时，将文字转换为路径、形状、图像、矢量智能对象后，可以调整文字的形状、添加描边、应用滤镜、叠加颜色或图案等操作。

6.2.1 实战——商品文字变形效果的制作

在商品图片上添加文字描述时，可使用变形文字，使画面更美观，更容易引起买家的注意。

下面详细介绍制作商品文字变形样式的操作方法。

素材位置	素材 > 第 6 章 > 图像 9.jpg
效果位置	效果 > 第 6 章 > 图像 9.psd
视频位置	视频 > 第 6 章 > 实战——商品文字变形效果的制作 .mp4

01 单击"文件"|"打开"命令，打开一幅素材图像，如图6-49所示。

图 6-49 打开素材图像

02 在工具箱中选取横排文字工具，在工具属性栏中设置"字体"为"方正大黑简体"，"字体大小"为10点，设置取消锯齿的方法为"平滑"，如图6-50所示。

图 6-50 设置相应选项

03 在工具属性栏中单击"颜色"色块，弹出"拾色器（文本颜色）"对话框，设置颜色为白色，如图6-51所示。

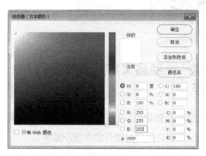

图 6-51 设置颜色为白色

04 单击"确定"按钮后，在图像编辑窗口中单击并输入文字，按【Ctrl+Enter】组合键确认文字输入，如图6-52所示。

图 6-52 输入文字

05 单击"文字"|"文字变形"命令，弹出"变形文字"对话框，设置"样式"为"凸起"，"弯曲"为15%，其他参数均保持默认，如图6-53所示。

图 6-53 设置参数

06 单击"确定"按钮,即可生成变形文字效果,如图 6-54 所示。

图 6-54 最终效果

6.2.2 实战——商品文字描边效果的制作

在进行商品图片处理时,若觉得商品描述文字效果暗淡,可制作文字描边效果,提升文字显示效果。

下面详细介绍制作商品文字描边效果的操作方法。

素材位置	素材 > 第 6 章 > 图像 10.psd
效果位置	效果 > 第 6 章 > 图像 10.psd
视频位置	视频 > 第 6 章 > 实战——商品文字描边效果的制作 .mp4

01 单击"文件"|"打开"命令,打开一幅素材图像,如图 6-55 所示。

图 6-55 打开素材图像

02 打开"图层"面板,选择文字图层,单击"图

层"|"图层样式"|"描边"命令,如图 6-56 所示。

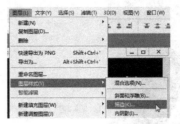

图 6-56 单击"描边"命令

> **专家指点**
>
> 在"图层"面板中选择文字图层,单击鼠标右键,选择"创建工作路径"选项,可以制作文字路径。
> 在将文字创建为路径后,原文字属性不变,产生的工作路径可以应用填充和描边,或者通过调整锚点得到变形文字。

03 弹出"图层样式"对话框,设置"大小"为1像素,"位置"为"外部","颜色"为白色(RGB各项参数值均为255),如图 6-57 所示。

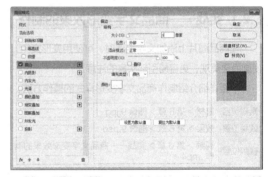

图 6-57 设置相应选项

04 单击"确定"按钮,即可制作文字描边效果,效果如图 6-58 所示。

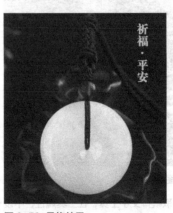

图 6-58 最终效果

6.2.3 实战——商品文字颜色叠加效果的制作

在进行商品图片处理时,经常需要添加店铺活动介绍来吸引顾客关注,若想改变文字颜色效果,可以使用"颜色叠加"图层样式改变文字颜色。

下面详细介绍制作商品文字颜色叠加效果的操作方法。

素材位置	素材 > 第 6 章 > 图像 11.psd
效果位置	效果 > 第 6 章 > 图像 11.psd
视频位置	视频 > 第 6 章 > 实战——商品文字颜色叠加效果的制作 .mp4

01 单击"文件"|"打开"命令,打开一幅素材图像,如图6-59所示。

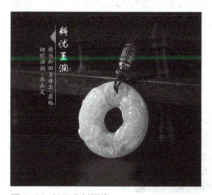

图 6-59 打开素材图像

02 打开"图层"面板,选择文字图层,单击"图层"|"图层样式"|"颜色叠加"命令,如图6-60所示。

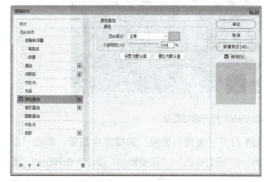

图 6-60 单击"颜色叠加"命令

> **专家指点**
>
> 除了上述方法,还可在"图层"面板中选择文字图层,单击鼠标右键,选择"混合选项"选项,弹出"图层样式"对话框,选中"颜色叠加"复选框。

03 弹出"图层样式"对话框,设置"颜色"为黄色(RGB参数值为244、213、53),"不透明度"为100%,如图6-61所示。

图 6-61 设置相应选项

04 单击"确定"按钮,即可改变文字颜色,效果如图 6-62所示。

图 6-62 最终效果

6.2.4 实战——商品文字双色渐变效果的制作

在进行商品图片处理时,为了让文字更加醒目,可使用"渐变叠加"图层样式使文字产生颜色渐变。

下面详细介绍制作商品文字双色渐变效果的操作方法。

素材位置	素材 > 第 6 章 > 图像 12.psd
效果位置	效果 > 第 6 章 > 图像 12.psd
视频位置	视频 > 第 6 章 > 实战——商品文字双色渐变效果的制作 .mp4

01 单击"文件"|"打开"命令,打开一幅素材图像,如图6-63所示。

图 6-63 打开素材图像

图 6-66 设置左边色标颜色

02 打开"图层"面板,选择文字图层,单击"图层"|"图层样式"|"渐变叠加"命令,在弹出的"图层样式"对话框中单击"点按可编辑渐变"色块,如图 6-64 所示。

05 单击"确定"按钮。重复以上操作,设置右边色标为黄色(RGB参数值为253、198、5),如图 6-67 所示。

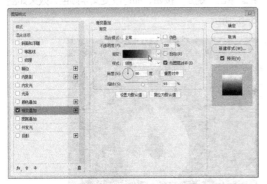

图 6-64 单击"点按可编辑渐变"色块

03 弹出"渐变编辑器"窗口,单击左边的色标后,单击"颜色"色块,如图6-65所示。

图 6-67 设置右边色标颜色

06 单击"确定"按钮,返回"渐变编辑器"窗口,单击"确定"按钮,返回"图层样式"对话框,如图 6-68 所示。

图 6-65 单击"颜色"色块

04 弹出"拾色器(色标颜色)"对话框,设置RGB参数值为87、106、249,如图6-66所示。

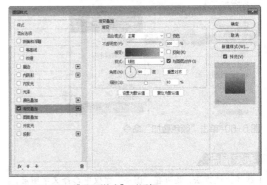

图 6-68 返回"图层样式"对话框

07 单击"确定"按钮,即可制作文字渐变效果,如图 6-69 所示。

图 6-69 最终效果

6.2.5 实战——商品文字发光效果的制作

在进行商品图片后期处理时，经常需要在商品图片上添加文字描述，可制作文字发光效果来吸引顾客的目光。

下面详细介绍制作商品文字发光效果的操作方法。

素材位置	素材＞第6章＞图像13.psd
效果位置	效果＞第6章＞图像13.psd
视频位置	视频＞第6章＞实战——商品文字发光效果的制作.mp4

01 单击"文件"|"打开"命令，打开一幅素材图像，如图6-70所示。

图 6-70 打开素材图像

02 打开"图层"面板，选择文字图层，单击"图层"|"图层样式"|"外发光"命令，弹出"图层样式"对话框，设置"混合模式"为"正常"，"不透明度"为52%，"方法"为"精确"，"扩展"为5%，"大小"为7像素，效果如图6-71所示。

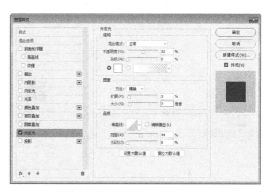

图 6-71 设置参数

03 单击"设置发光颜色"色块，弹出"拾色器（外发光颜色）"对话框，设置RGB参数值为216、224、243，如图6-72所示。

> **专家指点**
>
> "图层样式"对话框中主要选项的含义如下。
> - 混合模式：用来设置发光效果与下面图层的混合方式。
> - 发光颜色：可以通过色块和色条来设置图层样式的发光颜色。
> - 方法：用来设置发光的方法，以控制发光的准确度。
> - 扩展：用来模糊外发光的杂边。
> - 杂色：可以在发光效果中添加随机的杂色，使光晕呈现颗粒感。
> - 大小：用来设置光晕范围的大小。

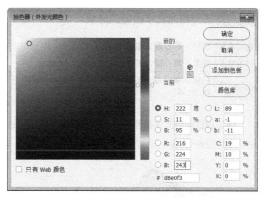

图 6-72 设置 RGB 参数

04 单击"确定"按钮，返回"图层样式"对话框，即可更改发光颜色，如图6-73所示。

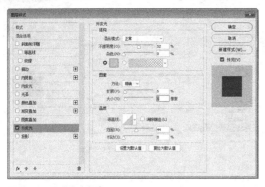

图 6-73 更改发光颜色

05 单击"确定"按钮,即可制作文字发光效果,如图6-74所示。

图 6-74 最终效果

6.3 习题

习题1 调整商品文字路径的形状

素材位置	素材 > 第 6 章 > 图像 14.psd
效果位置	效果 > 第 6 章 > 图像 14.jpg、图像 14.psd
视频位置	视频 > 第 6 章 > 习题 1:调整商品文字路径的形状 .mp4

练习通过调整文字路径形状,改变商品文字排列效果,素材如图6-75所示,效果如图6-76所示。

图 6-75 素材图像

图 6-76 最终效果

习题2 制作商品文字立体效果

素材位置	素材 > 第 6 章 > 图像 15.psd
效果位置	效果 > 第 6 章 > 图像 15.jpg、图像 15.psd
视频位置	视频 > 第 6 章 > 习题 2:制作商品文字立体效果 .mp4

练习通过"斜面个浮雕"图层样式制作立体效果,素材如图6-77所示,效果如图6-78所示。

图 6-77 素材图像

图 6-78 最终效果

第 06 章　店铺装修的文字编排设计

习题3 制作商品文字投影特效

素材位置	素材 > 第 6 章 > 图像 16.psd
效果位置	效果 > 第 6 章 > 图像 16.jpg、图像 16.psd
视频位置	视频 > 第 6 章 > 习题 3：制作商品文字投影特效 .mp4

练习通过图层样式为文字添加投影效果，素材如图 6-79 所示，效果如图 6-80 所示。

图 6-80 最终效果

图 6-79 素材图像

87

第07章 店铺广告图片的特效设计

俗话说"佛靠金装，人靠衣装"，一幅精美的图像同样需要一个合适的特效来装扮。添加特效除了能让图像更加出彩外，还可以表达出一种艺术情感。本章将详细介绍淘宝广告图片特效的设计。

扫码观看本章
实战操作视频

课堂学习目标

- 掌握复古特效的制作方法
- 掌握怀旧效果的制作方法
- 掌握暖黄效果的制作方法
- 掌握拍立得效果的制作方法

7.1 广告图片简单特效的制作

在淘宝、天猫购物平台上经常会看到一些商业宣传广告，本节将为读者讲述制作广告图片特效的简单方法。

7.1.1 实战——商品广告图片复古特效的制作 重点

复古特效是一种后现代复古色调，应用了该特效的商品图像会显得非常神秘，能够很好地烘托氛围，让商品图像富有复古情调。

素材位置	素材>第7章>图像1.jpg
效果位置	效果>第7章>图像1.psd
视频位置	视频>第7章>实战——商品广告图片复古特效的制作.mp4

01 单击"文件"|"打开"命令，打开一幅素材图像，如图7-1所示。

图7-1 打开素材图像

02 新建"图层1"，设置前景色为深蓝色（RGB参数值为1、23、51），并填充前景色，如图7-2所示。

03 设置"图层1"的混合模式为"排除"，如图7-3所示。

图7-2 填充前景色

图7-3 设置"图层1"混合模式

04 新建"图层2"，设置前景色为浅蓝色（RGB参数值为211、245、253），填充前景色，如图7-4所示。

05 设置"图层2"的混合模式为"颜色加深"，如图7-5所示。

图7-4 填充前景色

图7-5 设置"图层2"混合模式

06 新建"图层3"，设置前景色为褐色（RGB参数值为154、119、59），如图7-6所示。

图 7-6 设置前景色为褐色

07 填充前景色，设置"图层3"的混合模式为"柔光"，如图7-7所示。

08 新建"色阶1"调整图层，打开"属性"面板，设置"输入色阶"依次为0、0.92、239，如图7-8所示。

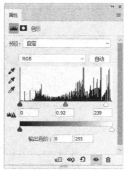

图 7-7 设置"图层 3"混合模式

图 7-8 设置色阶参数

09 执行上述操作后，即可完成复古特效的制作，效果如图7-9所示。

图 7-9 最终效果

7.1.2 实战——商品广告图片冷蓝效果的制作

冷蓝特效是处理淘宝商品图像时常用的一种特效，具有很强的代表性。这种特效主要通过调出图像的冷蓝色调，增强商品图像高贵冷傲的气质和氛围。

素材位置	素材 > 第 7 章 > 图像 2.jpg
效果位置	效果 > 第 7 章 > 图像 2.psd
视频位置	视频 > 第 7 章 > 实战——商品广告图片冷蓝效果的制作 .mp4

01 单击"文件"|"打开"命令，打开一幅素材图像，如图7-10所示。

图 7-10 打开素材图像

02 单击"图层"|"新建填充图层"|"纯色"命令，如图7-11所示。

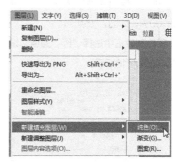

图 7-11 单击"纯色"命令

03 弹出"新建图层"对话框，如图7-12所示。单击"确定"按钮，新建"颜色填充1"图层。

图 7-12 新建"颜色填充 1"图层

04 弹出"拾色器(纯色)"对话框,设置颜色为蓝色(RGB参数值为102、156、230),如图7-13所示。单击"确定"按钮。

图 7-13 设置颜色为蓝色

05 设置"颜色填充1"调整图层的混合模式为"柔光"。

06 新建"通道混合器1"调整图层,如图7-14所示。

图 7-14 新建"通道混合器1"调整图层

07 打开"属性"面板,"输出通道"选择"红"通道,设置"红色"为100%,如图7-15所示。

08 在"输出通道"下拉列表框中选择"绿"通道,设置"绿色"为100%,如图7-16所示。

图 7-15 设置"红色"参数　　图 7-16 设置"绿色"参数

09 在"输出通道"下拉列表框中选择"蓝"通道,设置"蓝色"为107%,如图7-17所示。执行操作后,即可调整图像色调,完成冷蓝特效的制作,效果如图7-18所示。

图 7-17 设置"蓝色"参数

图 7-18 最终效果

7.1.3 实战——商品广告图片冷绿效果的制作

冷绿特效也是处理淘宝商品图片时常用的一种特效,绿色给人清新舒爽的感觉,可以增强图像的清新感。

素材位置	素材 > 第 7 章 > 图像 3.jpg
效果位置	效果 > 第 7 章 > 图像 3.psd
视频位置	视频 > 第 7 章 > 实战——商品广告图片冷绿效果的制作 .mp4

01 单击"文件"|"打开"命令,打开一幅素材图像,如图7-19所示。

第 07 章 店铺广告图片的特效设计

图 7-19 打开素材图像

02 单击"图层"|"新建填充图层"|"纯色"命令，新建"颜色填充 1"调整图层，弹出"拾色器（纯色）"对话框，设置颜色为绿色（RGB 参数值为 0、142、47），如图 7-20 所示。

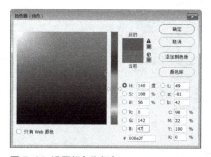

图 7-20 设置颜色为绿色

03 单击"确定"按钮，设置"颜色填充 1"调整图层的混合模式为"柔光"。

04 新建"通道混合器 1"调整图层，如图 7-21 所示。

图 7-21 新建"通道混合器 1"调整图层

05 打开"属性"面板，设置"输出通道"为"红"通道，设置"红色"为 100%，如图 7-22 所示。

06 在"输出通道"下拉列表框中选择"绿"通道，设置"绿色"为 103%，如图 7-23 所示。

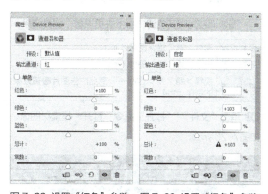

图 7-22 设置"红色"参数　　图 7-23 设置"绿色"参数

07 在"输出通道"下拉列表框中选择"蓝"通道，设置"蓝色"为 100%，如图 7-24 所示。执行操作后，即可完成冷绿特效的制作，效果如图 7-25 所示。

图 7-24 设置"蓝色"参数

图 7-25 最终效果

7.1.4 实战——商品广告图片暖黄效果的制作

图像调整为暖黄色调，看上去更温馨，别具风采。

素材位置	素材＞第 7 章＞图像 4.jpg
效果位置	效果＞第 7 章＞图像 4.psd
视频位置	视频＞第 7 章＞实战——商品广告图片暖黄效果的制作 .mp4

01 单击"文件"|"打开"命令，打开一幅素材图像，如图7-26所示。

图 7-26 打开素材图像

02 单击"图层"|"新建填充图层"|"渐变"命令，新建"渐变填充1"调整图层，弹出"渐变填充"对话框，单击"点按可编辑渐变"色块，选择"铜色渐变"，设置"样式"为线性，"角度"为140°，"缩放"为169%，选中"与图层对齐"复选框，如图7-27所示。

03 单击"确定"按钮，设置"渐变填充1"调整图层的混合模式为"叠加"，设置图层"不透明度"为50%，如图7-28所示。

图 7-27 设置各参数　　图 7-28 设置图层"不透明度"

04 新建"颜色填充1"调整图层，弹出"拾色器（纯色）"对话框，设置RGB参数值为255、204、0，如图7-29所示。

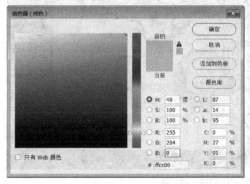

图 7-29 设置 RGB 参数值

05 单击"确定"按钮，设置"颜色填充1"调整图层的混合模式为"柔光"，"不透明度"为60%，如图7-30所示。执行操作后，即可完成暖黄特效的制作，效果如图7-31所示。

图 7-30 设置相应选项

图 7-31 最终效果

7.1.5 实战——商品广告图片怀旧效果的制作

怀旧特效是淘宝商品图像调色比较常用的一种特效，通过调亮画面并增强画面色调倾向，使图像温暖华丽，可烘托人物气质，让人物的特质更加突出。

素材位置	素材 > 第 7 章 > 图像 5.jpg
效果位置	效果 > 第 7 章 > 图像 5.psd
视频位置	视频 > 第 7 章 > 实战——商品广告图片怀旧效果的制作 .mp4

01 单击"文件"|"打开"命令，打开一幅素材图像，如图7-32所示。

图 7-35 设置各选项

05 新建"曲线1"调整图层，打开"属性"面板，在左下方添加第1点，"输入"和"输出"值分别设置为79、58，如图7-36所示。

06 在右上方添加第2点，"输入"和"输出"值分别设置为174、195，如图7-37所示。执行上述操作后，即可完成怀旧特效的制作，效果如图7-38所示。

图 7-32 打开素材图像

02 新建"渐变映射1"调整图层，打开"属性"面板，设置渐变为黑白渐变，如图7-33所示。

03 新建"照片滤镜1"调整图层，如图7-34所示。

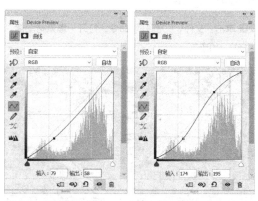

图 7-36 设置参数　　　图 7-37 设置参数

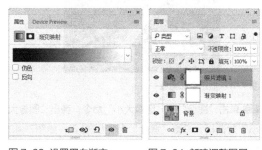

图 7-33 设置黑白渐变　　图 7-34 新建调整图层

04 在"属性"面板中选中"保留明度"复选框，设置"滤镜"为"加温滤镜（85）"，"浓度"为25%，如图7-35所示。

图 7-38 最终效果

7.2 广告图片复杂特效的制作

在广告商品图片的处理手法中，有一些方法能得到更为特殊的效果。下面将为读者讲述商品图片特效处理的高级手法。

7.2.1 实战——商品广告图片拍立得效果的制作 进阶

拍立得照片效果可以在相纸上显现拍摄影像，在四周的白框内还可以涂鸦、写字，不少人还特地用这种相机来记录人生，与一般的无边框相片相比别有一番风趣。

素材位置	素材>第7章>图像6.jpg
效果位置	效果>第7章>图像6.psd
视频位置	视频>第7章>实战——商品广告图片拍立得效果的制作.mp4

01 单击"文件"|"打开"命令，打开一幅素材图像，如图7-39所示。

图7-39 打开素材图像

02 双击"背景"图层，弹出"新建图层"对话框，单击"确定"按钮，得到"图层0"，如图7-40所示。

图7-40 新建图层

03 按【Ctrl+T】组合键，调出变换控制框，在工具属性栏中设置"旋转"为90°，按【Enter】键确认变换操作，效果如图7-41所示。

图7-41 变换效果

04 单击"图像"|"显示全部"命令，显示全部图像，如图7-42所示。

图7-42 显示全部图像

05 单击"图像"|"图像大小"命令，弹出"图像大小"对话框，设置"宽度"为1200像素，如图7-43所示。

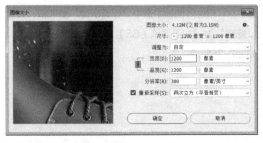

图7-43 设置"宽度"参数

06 单击"确定"按钮,按【Ctrl+T】组合键,调出变换控制框,在工具属性栏中设置"旋转"为-90°,按【Enter】键,确认图像变换操作,如图7-44所示。

图 7-44 变换图像

07 单击"图像"|"裁切"命令,弹出"裁切"对话框,选中"透明像素"单选按钮,单击"确定"按钮,裁切图像,效果如图7-45所示。

图 7-45 裁切图像

08 单击"图像"|"画布大小"命令,弹出"画布大小"对话框,选中"相对"复选框,设置"高度"为50%,"定位"为顶部居中,如图7-46所示。

09 单击"确定"按钮,调整画布大小。新建"图层1",设置前景色为白色,并填充前景色,调整"图层1"至"图层0"下方,如图7-47所示。

图 7-46 设置画布大小　　图 7-47 调整图层顺序

10 双击"图层0",弹出"图层样式"对话框,选中"描边"复选框,设置"大小"为3像素,"位置"为"内部","填充类型"为"颜色",设置"颜色"为黑色,如图7-48所示。

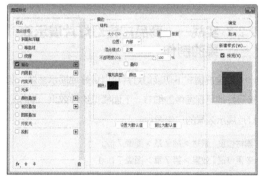

图 7-48 设置各选项

11 单击"确定"按钮。在"图层0"上单击鼠标右键,在弹出的快捷菜单中选择"拷贝图层样式"选项,如图7-49所示。

图 7-49 拷贝图层样式

12 选择"图层1"并单击鼠标右键,在弹出的快捷菜单中选择"粘贴图层样式"选项,粘贴图层样式。

13 调整"图层0"图像的大小和位置,完成拍立得照片效果的制作,效果如图7-50所示。

技能提升篇

图 7-50 最终效果

7.2.2 实战——商品广告幻灯片展示效果的制作

在全屏模式下切换幻灯片可以更好地展示图像，能够最好地呈现图像的细节。下面模拟这种效果，制作幻灯片展示效果的广告图片。

素材位置	素材＞第 7 章＞图像 7.jpg
效果位置	效果＞第 7 章＞图像 7.psd
视频位置	视频＞第 7 章＞实战——商品广告幻灯片展示效果的制作 .mp4

01 单击"文件"|"打开"命令，打开一幅素材图像，如图7-51所示。

图 7-51 打开素材图像

02 双击"背景"图层，弹出"新建图层"对话框，单击"确定"按钮，得到"图层0"，如图7-52所示。

图 7-52 新建图层

03 单击"图像"|"图像大小"命令，弹出"图像大小"对话框，设置"高度"为768像素，单击"确定"按钮，调整图像大小，如图7-53所示。

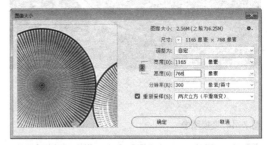

图 7-53 调整图像大小

04 单击"图像"|"画布大小"命令，弹出"画布大小"对话框，设置"宽度"为2像素，如图7-54所示。

图 7-54 设置宽度

05 单击"确定"按钮，即可调整画布大小。新建"图层1"，设置前景色为黑色，如图7-55所示。

图 7-55 设置前景色为黑色

06 为"图层1"填充黑色,并调整"图层1"至"图层0"下方,如图7-56所示。

图 7-56 调整图层顺序

07 选中"图层0",按【Ctrl+T】组合键,调出变换控制框,适当调整图像大小,即可完成幻灯片展示效果的制作,效果如图7-57所示。

图 7-57 最终效果

7.2.3 实战——商品广告单张立体空间展示效果的制作

单张照片的立体空间展示就是利用照片的投影效果,制作出立体感,增强视觉冲击。

素材位置	素材 > 第 7 章 > 图像 8.jpg
效果位置	效果 > 第 7 章 > 图像 8.psd
视频位置	视频 > 第 7 章 > 实战——商品广告单张立体空间展示效果的制作 .mp4

01 单击"文件"|"打开"命令,打开一幅素材图像,如图7-58所示。

图 7-58 打开素材图像

02 双击"背景"图层,弹出"新建图层"对话框,单击"确定"按钮,得到"图层0",如图7-59所示。

图 7-59 新建图层

03 单击"图像"|"画布大小"命令,弹出"画布大小"对话框,选中"相对"复选框,设置"高度"为50%,宽度为10%,"定位"为顶部居中,单击"确定"按钮,即可调整画布大小,效果如图7-60所示。

图 7-60 调整画布大小

04 复制"图层0",得到"图层0拷贝"图层,如图7-61所示。

图 7-61 复制图层

05 按【Ctrl+T】组合键,调出变换控制框,设置中心点的位置为底边居中,如图7-62所示。

图 7-62 设置中心点位置

06 单击鼠标右键,在弹出的快捷菜单中选择"垂直翻转"选项,即可垂直翻转图像,按【Enter】键确认图像的变换操作,如图7-63所示。

图 7-63 变换图像

07 双击"图层0拷贝"图层,弹出"图层样式"对话框,选中"描边"复选框,设置"大小"为20像素,"位置"为"内部","混合模式"为"正常","不透明度"为100%,"填充类型"为"颜色","颜色"为白色,如图7-64所示。单击"确定"按钮,即可应用图层样式。

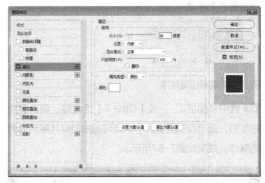

图 7-64 设置"描边"选项

08 在"图层0拷贝"图层上单击鼠标右键,在弹出的快捷菜单中选择"拷贝图层样式"选项。

09 在"图层0"上单击鼠标右键,在弹出的快捷菜单中选择"粘贴图层样式"选项。

10 新建"图层1",设置前景色为白色,并填充"图层"。调整"图层1"至"图层0"的下方,如图7-65所示。

图 7-65 调整图层顺序

11 双击"图层1",弹出"图层样式"对话框,选中"渐变叠加"复选框,单击"点按可编辑渐变"色块,弹出"渐变编辑器"窗口,在渐变色条上添加5个色标(各色标RGB参数值分别为208、208、208,31、31、31,0、0、0,190、190、190,129、129、129),单击"确定"按钮,设置"缩放"为100%,如图7-66所示。单击"确定"按钮,即可应用图层样式。

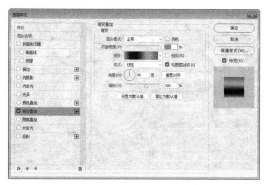

图 7-66 设置参数

12 新建"色相/饱和度1"调整图层,在"属性"面板中选中"着色"复选框,设置"色相"为50,"饱和度"为50,如图7-67所示。

图 7-67 设置参数

13 执行操作后,即可调整图像色调,完成单张照片的立体空间展示效果的制作,效果如图7-68所示。

图 7-68 最终效果

7.3 习题

习题1 合成手机店铺广告

素材位置	素材 > 第 7 章 > 图像 9.jpg、图像 10.psd、图像 11.psd
效果位置	效果 > 第 7 章 > 图像 9.jpg、图像 9.psd
视频位置	视频 > 第 7 章 > 习题 1:合成手机店铺广告 .mp4

练习通过魔棒工具抠图来合成手机店铺广告页面,素材如图7-69所示,效果如图7-70所示。

图 7-69 素材图像

图 7-70 最终效果

习题2 合成数码产品广告

素材位置	素材 > 第 7 章 > 图像 12.jpg、图像 13.psd、图像 14.psd
效果位置	效果 > 第 7 章 > 图像 12.jpg、图像 12.psd
视频位置	视频 > 第 7 章 > 习题 2:合成腕表特效 .mp4

练习通过变换控制框来合成数码产品广告页面,素材如图7-71所示,效果如图7-72所示。

图 7-71 素材图像

图 7-72 最终效果

第 08 章 店铺装修基础区域的设计

公告栏及店铺收藏区是网店设计的重要区域，提升这些基础区域的设计美观度可以让网店的整体效果更上一层楼。

本章主要向读者介绍网店基础区域的设计，主要包括公告栏及店铺收藏区。

课堂学习目标
- 了解店铺公告栏
- 了解店铺收藏区
- 掌握店铺公告栏的设计方法
- 掌握店铺收藏区的设计方法

扫码观看本章实战操作视频

8.1 店铺公告栏设计

公告栏是发布店铺最新信息、促销信息或店铺经营范围等内容的区域，可以方便顾客了解店铺的重要信息和商品的促销信息。

8.1.1 了解店铺公告栏　　重点

在现实生活中，公告栏是指放置在人流较大的地方，用于张贴公布公文、告示、启示等提示性内容的展示用品。在网店的装修设计中，店铺公告栏是准客户了解店铺的一个窗口，同时也是店铺的一个宣传窗口。所以，写好店铺公告对于店铺而言十分重要。

例如，淘宝网为店铺提供了公告栏的功能，卖家可以在"管理我的店铺"页面中设置公告栏的内容。卖家在制作公告栏前，需要了解并注意一些事项，以便制作出效果更好的公告栏。

①淘宝店铺的公告栏具有默认样式，如图8-1所示。卖家只能在默认样式的公告栏上添加公告内容。

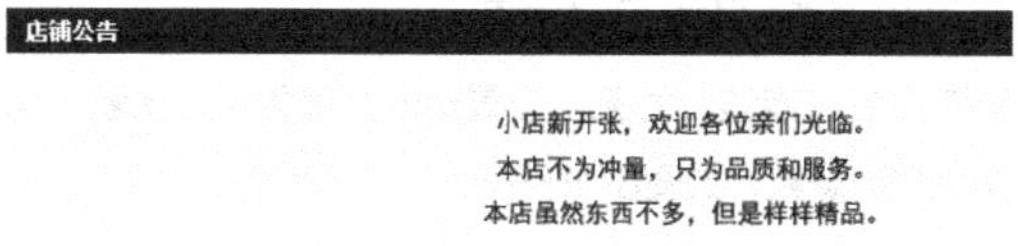

图 8-1 公告栏

②由于店铺已经存在默认的公告栏样式，而且样式无法更改，因此卖家可以以默认的公告栏作为参考，使公告的内容与之搭配。

③淘宝店铺的基本公告栏默认设置了滚动效果，在制作时无须再为公告内容添加滚动设置。

④公告栏的宽度不要超过480像素，超过的部分将无法显示，而公告栏的高度可以随意设置。如果公告栏的内容为图片，那么需要指定图片在互联网中的位置。

其实，店铺公告不同的写法有不同的优势，难断优劣。最好的办法就是根据自己的实际情况如实填写，这样容易使访客产生信任感。

8.1.2 实战——店铺公告栏的设计　　进阶

先使用Photoshop设计公告栏的图片，然后将图片上传到互联网上，产生一个对应的地址，将该地址指定为公告栏内容，即可将图片插入公告栏。

下面介绍店铺公告栏的设计与制作方法。

素材位置	素材 > 第 8 章 > 图像1.jpg
效果位置	效果 > 第 8 章 > 图像1.psd
视频位置	视频 > 第 8 章 > 实战——店铺公告栏的设计.mp4

01 单击"文件"|"打开"命令，打开一幅素材图像，如图8-2所示。

图 8-2 打开素材图像

02 在工具箱中选取圆角矩形工具，如图8-3所示。

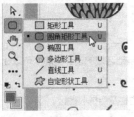

图 8-3 选取圆角矩形工具

03 在圆角矩形工具属性栏中,设置"填充"为浅绿色(RGB参数值为222、228、182),如图8-4所示。

图 8-4 设置"填充"为浅绿色

04 在圆角矩形工具属性栏中,设置"描边"为棕色(RGB参数值为116、62、24),如图8-5所示。

图 8-5 设置"描边"为棕色

05 在圆角矩形工具属性栏中设置描边宽度为0.17点,如图8-6所示。

图 8-6 设置描边宽度

06 在图像编辑窗口中单击,在弹出的对话框中设置"宽度"为450像素,"高度"为470像素,"半径"为5像素,单击"确定"按钮,创建圆角矩形,并调整其位置,效果如图8-7所示。

图 8-7 创建圆角矩形

07 新建"图层1",如图8-8所示。

图 8-8 新建"图层1"图层

08 在工具箱中选取矩形工具,在工具属性栏中设置"填充"为浅黄色(RGB参数值为245、244、226),如图8-9所示。

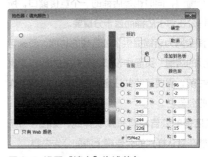

图 8-9 设置"填充"为浅黄色

09 设置"描边"为无,设置矩形宽度为400像素,高度为380像素,如图8-10所示。

图 8-10 设置矩形参数

10 在圆角矩形内的合适位置单击,创建一个矩形状,并调整其位置,效果如图8-11所示。

图 8-11 创建矩形形状

11 在工具箱中选取横排文字工具,在"字符"面板中设置"字体"为"方正粗倩简体","字体大小"为17点,字距为200,如图8-12所示,设置"颜色"为棕色（RGB参数值为116、62、24），如图8-13所示。

图 8-12 "字符"面板

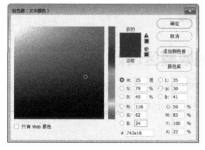

图 8-13 设置文字颜色

12 输入相应文字,按【Ctrl+Enter】组合键确认输入,根据需要调整文字的位置,效果如图8-14所示。

图 8-14 输入文字

13 双击文字图层,弹出"图层样式"对话框,选中"描边"复选框,设置"大小"为5像素,"颜色"为白色,如图8-15所示。

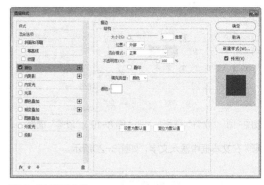

图 8-15 设置参数

14 单击"确定"按钮,即可添加"描边"图层样式,效果如图8-16所示。

15 在图像中的适当位置拖曳鼠标,创建一个文本框,如图8-17所示。

图 8-16 "描边"图层样式效果

图 8-17 创建文本框

16 在"字符"面板中,设置"字体"为幼圆,"字体大小"为6.72点,"颜色"为棕色（RGB参数值为116、62、24），如图8-18所示。

17 在"段落"面板中单击"居中对齐文本"按钮,如图8-19所示。

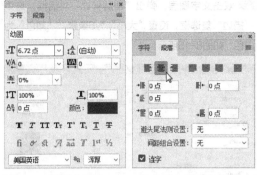

图 8-18 "字符"面板　　图 8-19 "段落"面板

⓲ 在文本框中输入文字，如图8-20所示。

图 8-20 输入相应文字

⓳ 选中第一行文字，设置"字体"为"方正粗圆简体"，"字体大小"为8点，"颜色"为粉红色（RGB参数值为225、119、147），如图8-21所示，效果如图8-22所示。

图 8-21 设置各选项

图 8-22 字体效果

⓴ 选中最后一行文字，设置"字体大小"为7.2点，"颜色"为粉色（RGB参数值为225、119、147），如图8-23所示。

图 8-23 设置字体选项

㉑ 按【Ctrl+Enter】组合键确认，最终效果如图8-24所示。

图 8-24 最终效果

8.2 店铺收藏区设计

收藏区是网店装修设计的一部分，可以提醒顾客及时收藏店铺，以便下次再来此购物，从而增加顾客的回头率。

8.2.1 了解店铺收藏区　　重点

网店的收藏区通常显示在首页中，很多电商平台都提供了固定区域，会使用统一的按钮或者图标对店铺收藏进行提醒，如图8-25所示。

图 8-25 店铺的收藏区

通过网店中的收藏功能，顾客可以将自己感兴趣的店铺或商品添加到收藏夹中，以便再次访问时可以轻松地找到相应的商品，如图8-26所示。

8.2.2 实战——店铺收藏区的设计 进阶

每一个商品页面都有一个收藏链接,而每个店铺都有店铺的收藏链接。做一个精美的图片,再配上收藏链接,可以大大提高收藏量。

下面介绍收藏区的设计与制作方法。

素材位置	素材 > 第 8 章 > 图像 2.psd
效果位置	效果 > 第 8 章 > 图像 2.psd
视频位置	视频 > 第 8 章 > 实战——店铺收藏区的设计 .mp4

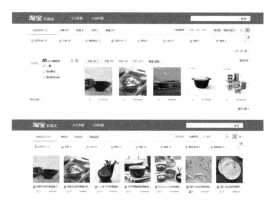

图 8-26 店铺收藏页面与商品收藏页面

店铺收藏区的设计较为灵活,它可以直接设计在网店的店招中,也可以单独显示在首页的某个区域。

网店的收藏区通常是内容较为单一的文字或广告语。当然,也有商家为了吸引顾客的注意力,将一些商品图片、素材图片、Flash动画等添加到其中,达到推销商品和提高收藏量的目的,如图8-27所示。

图 8-27 内容丰富的店铺收藏区

网店的收藏区通常采用JPG格式的静态图片来表现,但也可以使用GIF格式的动态图片,这种闪烁的图片更容易引起顾客的注意,提高店铺的收藏数量,如图8-28所示。

图 8-28 JPG 格式静态图片与 GIF 格式动态图片

01 按【Ctrl + N】组合键,弹出"新建文档"对话框,设置"名称"为"图像2","宽度"为200像素,"高度"为150像素,"分辨率"为300像素/英寸,"颜色模式"为"RGB颜色","背景内容"为白色,如图8-29所示。

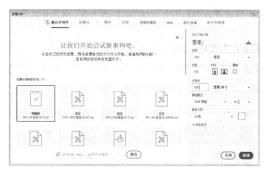

图 8-29 设置各选项

02 单击"创建"按钮,新建一个空白图像。

03 单击前景色色块,设置前景色为红色(RGB参数值为149、24、86),如图8-30所示。

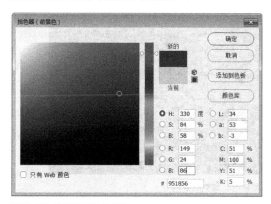

图 8-30 设置前景色为红色

04 单击背景色色块,设置背景色为深红色(RGB参数值为88、12、46),如图8-31所示。

技能提升篇

图 8-31 设置背景色深红色

专家指点

填充颜色还有以下两种常用的方法。
- 快捷键 1：按【Alt+Backspace】组合键，填充前景色。
- 快捷键 2：按【Ctrl+Backspace】组合键，填充背景色。

05 在工具箱中选取渐变工具，如图8-32所示。

06 在工具属性栏中单击"径向渐变"按钮，如图8-33所示。

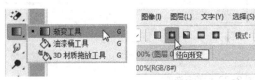

图 8-32 选取渐变工具　　图 8-33 单击"径向渐变"按钮

07 将鼠标指针移至图像中心位置，向上拖曳鼠标，即可填充渐变色，效果如图8-34所示。

图 8-34 填充渐变色

08 在工具箱中选取横排文字工具。

09 单击"窗口"|"字符"命令，打开"字符"面板，设置"字体"为"方正粗宋简体"，"字体大小"为10点，"颜色"为白色，如图8-35所示。

图 8-35 设置各选项

10 输入文字"收藏店铺"，按【Ctrl+Enter】组合键确认输入，根据需要调整文字的位置，效果如图8-36所示。

图 8-36 输入文字

11 在"字符"面板中设置"字体"为"Times New Roman"，"字体大小"为4点，"颜色"为白色，如图8-37所示。

图 8-37 设置各选项

12 输入文字"BOOK MARK"，按【Ctrl+Enter】组合键确认输入，根据需要调整文字的位置，效果如图8-38所示。

图 8-38 输入文字

13 按【Ctrl+O】组合键,打开"图像3.psd"素材图像,如图8-39所示。

图 8-39 打开素材图像

14 选取工具箱中的移动工具,将素材图像移动至"图像2"编辑窗口中的合适位置,效果如图8-40所示。将素材图像所在图层命名为"装饰"。

图 8-40 移动素材图像

15 双击"装饰"图层,弹出"图层样式"对话框,选中"投影"复选框,设置"距离"为1像素,"大小"为5像素,如图8-41所示。

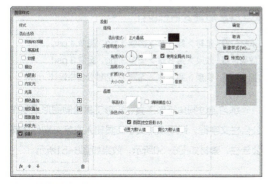

图 8-41 设置各选项

16 单击"确定"按钮,即可添加"投影"图层样式,效果如图8-42所示。

图 8-42 添加"投影"图层样式

17 在工具箱中选取圆角矩形工具。在工具属性栏中设置"半径"为20像素,如图8-43所示。

图 8-43 设置"半径"

18 在图像编辑窗口中绘制一个圆角矩形,设置"填充"为黄色(RGB参数值为238、191、95),如图8-44所示。

图 8-44 绘制圆角矩形形状

19 双击"圆角矩形1"图层,弹出"图层样式"对话框,选中"渐变叠加"复选框,单击"点按可编辑渐变"色块,弹出"渐变编辑器"窗口,设置渐变色为黄色(RGB参数值为233、177、66)到浅黄色(RGB参数值为255、240、215),如图8-45所示。

图 8-45 设置渐变色

20 单击"确定"按钮,返回"图层样式"对话框,选中"投影"复选框,设置"不透明度"为30%,如图 8-46所示。

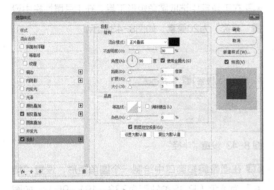

图 8-46 设置"不透明度"

21 单击"确定"按钮,应用图层样式,效果如图 8-47所示。

图 8-47 应用图层样式

22 在工具箱中选取横排文字工具,设置"字体"为"黑体","字体大小"为4.5点,"颜色"为深红色(RGB参数值为131、55、64),如图8-48所示。

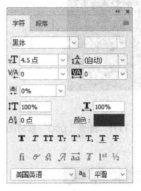

图 8-48 设置各选项

23 输入文字"点击收藏",按【Ctrl+Enter】组合键确认输入,根据需要调整文字的位置,最终效果如图8-49所示。

图 8-49 最终效果

8.3 习题

习题1 店铺公告栏设计

素材位置	素材 > 第 8 章 > 图像 3.jpg、图像 4.psd
效果位置	效果 > 第 8 章 > 图像 3.jpg、图像 3.psd
视频位置	视频 > 第 8 章 > 习题1:店铺公告栏设计 .mp4

练习通过圆角矩形工具、矩形工具绘制图形来制作公告栏文字框,运用横排文字工具输入文字来制作店铺公告栏,素材如图8-50所示,效果如图8-51所示。

第 08 章　店铺装修基础区域的设计

形来制作店铺收藏区，背景图像如图8-52所示，最终效果如图8-53所示。

图 8-50　素材图像

图 8-52　背景图像

图 8-51　最终效果

习题2　店铺收藏设计

素材位置	素材 > 第 8 章 > 图像 5.psd、图像 6.psd
效果位置	效果 > 第 8 章 > 图像 5.jpg、图像 5.psd
视频位置	视频 > 第 8 章 > 习题 2：店铺收藏设计 .mp4

练习通过运用横排文字工具输入文字并添加素材图

图 8-53　最终效果

第 09 章 店铺完美店招设计

核心技术篇

店招是店铺品牌展示的窗口,是买家对店铺第一印象的主要来源。鲜明而有特色的店招对于店铺形象和商品定位具有重要的作用。本章将详细介绍几种商品类型的旺铺店招设计与制作方法。

课堂学习目标
- 了解设计店招的意义
- 掌握女包店招的制作方法
- 掌握鲜花店招的制作方法
- 掌握食品店招的制作方法

扫码观看本章实战操作视频

9.1 了解店招

顾客需要掌握的店铺品牌信息最直接的来源就是店招,其次才是店铺装修的整体形象。对于品牌商品而言,店招可以让顾客第一眼就知道店铺经营的品牌信息,而不用顾客去其他页面或者模块中寻找。本节将为读者讲述店招的设计意义与要求。

9.1.1 设计店招的意义

店招位于网店首页的顶端,它的作用与实体店铺的店招相同,是大部分顾客最先了解到的信息。店招是店铺的标志,大部分都是由店铺名称、商品图片、宣传语等组成,漂亮的店招与签名可以吸引顾客进入店铺。

9.1.2 如何设计完美店招 【重点】

从网店商品的品牌推广来看,想要让店招便于记忆,店招的设计需要具备新颖、易于传播等特点。

一个好的店招设计,除了明确传达信息外,还在方寸之间表现出深刻的精神内涵和艺术感染力,给人静谧、柔和、饱满、和谐的感觉。要做到这些,需要遵循一定的设计原则和要求,通常要求有标准的颜色和字体、整洁的设计版面,还要有一句能够吸引消费者的广告语,整个画面要具备强烈的视觉冲击力,清晰地告诉顾客你在卖什么。好的店招也可以对店铺的装修风格进行定位。

1. 选择合适的店招图片素材

店招图片的素材通常可以从网上或者专业素材库中收集。在搜索引擎网站输入关键字,可以很快找到很多相关的图片素材,也可以登录设计资源网站,找到更多精美、专业的图片。下载图片素材时,要选择尺寸大、清晰度高、没有版权问题且适合自己店铺的图片。

2. 突出店铺的特质

店招是用来表达店铺的特质的,要让顾客认清店铺的独特品质、风格和情感,要特别注意避免与其他网站的Logo雷同。因此,店招在设计上需要讲究个性,让店招与众不同、别出心裁。图9-1所示是一个有个性的店招设计。

图 9-1 个性的店招设计

3. 让自己的店招过目不忘

设计一个好的店招应从颜色、图案、字体、动画等几方面入手。在符合店铺类型的基础上,使用醒目的颜色、独特的图案、精心的字体,以及强烈的动画效果来给人留下深刻的印象,如图9-2所示。

图 9-2 颜色搭配醒目的店招

9.2 店招设计实战

店招设计是网店装修的一部分，它就像一块"明镜高悬"的牌匾，在店铺中占有非常显眼的位置。店招要将最核心的信息展示出来，让消费者一看就懂，一目了然。本节将为读者讲述店招的制作方法。

9.2.1 实战——设计鲜花店招　　进阶

由于店招的展示区域有限，在有限的区域内要将店铺名称和风格展示在店招上，以便于消费者识别。

下面以花店店招为例，介绍店招的设计与制作方法。

素材位置	素材 > 第 9 章 > 图像 2.jpg
效果位置	效果 > 第 9 章 > 图像 2.psd、图像 2.jpg
视频位置	视频 > 第 9 章 > 实战——设计鲜花店招 .mp4

01 按【Ctrl + N】组合键，弹出"新建文档"对话框，设置"名称"为"图像1"，"宽度"为10厘米，"高度"为10厘米，"分辨率"为72像素/英寸，"颜色模式"为"RGB颜色"，"背景内容"为"白色"，如图9-3所示。

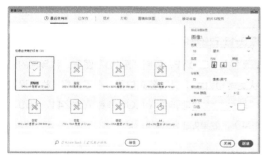

图 9-3 设置各选项

02 单击"创建"按钮，新建一个空白图像。

03 在工具箱中选取自定形状工具，如图9-4所示。

图 9-4 选取自定形状工具

04 在工具属性栏中设置"填充"为洋红色（RGB参数值为228、0、127），如图9-5所示。

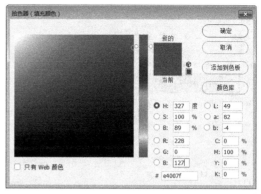

图 9-5 设置填充颜色

05 设置"形状"为"红心形卡"图形，如图9-6所示。

06 在图像编辑窗口中单击，弹出"创建自定形状"对话框，设置"宽度"和"高度"均为45像素，如图9-7所示。

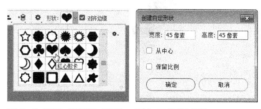

图 9-6 设置"形状"图形　　图 9-7 设置参数

07 单击"确定"按钮创建形状，并调整其位置，效果如图9-8所示。

图 9-8 创建形状

08 复制"形状1"图层,得到"形状1拷贝"图层,如图9-9所示。

图 9-9 复制图层

09 按【Ctrl+T】组合键,调出变换控制框,将其旋转120°,并适当调整位置,如图9-10所示。

图 9-10 旋转形状

10 按【Enter】键完成变换,效果如图9-11所示。

图 9-11 变换图像

11 选择所复制的形状,即在"图层"面板中选择"形状1拷贝"图层。

12 在工具属性栏中设置"填充"为浅洋红色(RGB参数值为234、104、162),如图9-12所示。

图 9-12 设置填充颜色

13 单击"确定"按钮,即可改变图像颜色,效果如图9-13所示。

图 9-13 改变图像颜色

14 重复上述操作,复制"形状1"图层,将复制的形状旋转-120°,并调整其位置,在工具属性栏中设置"填充"为蜡笔洋红(RGB参数值为241、159、194),效果如图9-14所示。

图 9-14 再次复制并编辑形状

15 在"图层"面板中选择所有形状图层,单击鼠标右键,在弹出的快捷菜单中选择"链接图层"选项,链接图层,如图9-15所示。

16 在工具箱中选取横排文字工具，单击"窗口"|"字符"命令，打开"字符"面板，在其中设置"字体"为"方正中倩简体"，"字体大小"为36点，"颜色"为暗红（RGB参数值为153、51、102），如图9-16所示。

图 9-15 链接图层　　图 9-16 设置各选项

17 输入文字"浪漫花屋"，按【Ctrl+Enter】组合键确认输入，效果如图9-17所示。

图 9-17 输入文字

18 在工具箱中选取移动工具，根据需要适当调整图文的位置，效果如图9-18所示。

图 9-18 调整图文位置

19 按【Ctrl+O】组合键，打开"图像2.jpg"素材图像，如图9-19所示。

图 9-19 打开素材图像

> **专家指点**
>
> 在店招中清晰、大方地显示出店铺的名称，并使用规范的设计，让店铺的名称在网店的各个区域出现时都保持高度的视觉一致性。在店招中添加Logo和店名，可加深顾客的记忆，提升品牌的推广度。

> **专家指点**
>
> 店招要体现店铺的定位，对于没有什么知名度的商家，如果有口号和广告语就要放上去，如果没有，起码要有个品牌的关键词介绍，起码让顾客知道店铺的特点和特色，从而形成无形的品牌推广。

20 在"图层"面板中选中所有图层，单击鼠标右键，在弹出的快捷菜单中选择"合并图层"选项，合并所有图层，如图9-20所示。

图 9-20 合并所有图层

21 在工具箱中选取移动工具，将"图像1"拖曳至"图像2"编辑窗口中，效果如图9-21所示。

图 9-21 拖曳图像

22 按【Ctrl+T】组合键，对"图层1"进行大小和位置的调整，如图9-22所示。

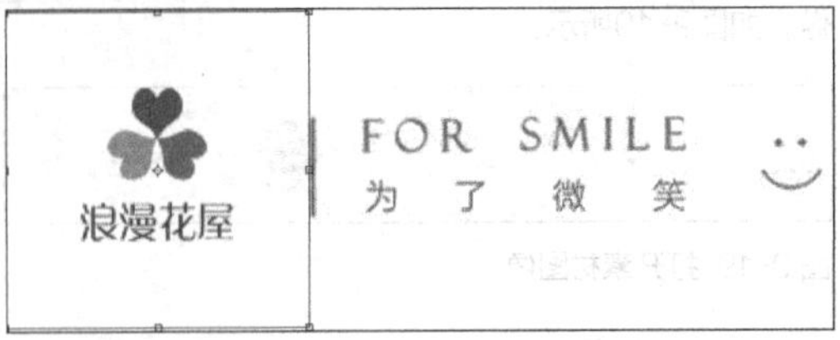

图 9-22 调整大小和位置

23 执行上述操作后，按【Enter】键确认，即可变换图像，最终效果如图9-23所示。

图 9-23 最终效果

9.2.2 实战——设计女包店招 【进阶】

在店招中添加新品图片并随时更新，可以让买家及时了解店铺的最新活动信息及动态。

下面以女包店招为例，详细介绍店招的设计与制作方法。

素材位置	素材＞第9章＞图像 4.jpg、图像 5.jpg、图像 6.jpg、图像 7.jpg、图像 8.jpg
效果位置	效果＞第9章＞图像 3.psd、图像 3.jpg
视频位置	视频＞第9章＞实战——设计女包店招 .mp4

01 按【Ctrl＋N】组合键，弹出"新建文档"对话框，设置"名称"为"图像3"，"宽度"为950像素，"高度"为150像素，"分辨率"为72像素/英寸，"颜色模式"为"RGB颜色"，"背景内容"为"白色"，如图9-24所示。

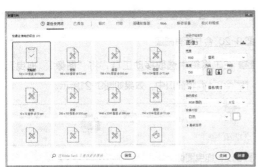

图 9-24 设置各选项

02 单击"创建"按钮，新建一个空白图像。

03 按【Ctrl＋O】组合键，打开"图像4.jpg"素材图像，如图9-25所示。

图 9-25 打开素材图像

04 选取工具箱中的移动工具，将素材图像移动至"图像3"编辑窗口中。

05 按【Ctrl＋T】组合键调整图像大小和位置，按【Enter】键确认操作，效果如图9-26所示。

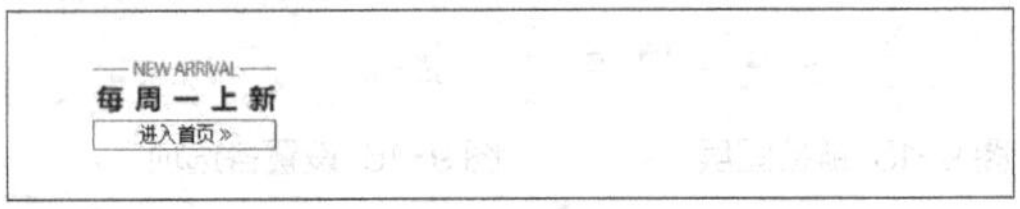

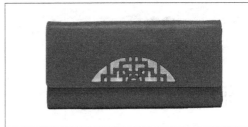

图 9-26 调整图像大小和位置

06 按【Ctrl＋O】组合键，打开"图像5.jpg"素材图像，如图9-27所示。

图 9-27 打开素材图像

> **专家指点**
>
> 营造出品牌的氛围和感觉，体现品牌气质很简单，可以通过品牌专属颜色、Logo颜色、字体等的规范应用，先从视觉上统一。
>
> 为了让店招有特点且便于记忆，在设计的过程中都会采用简短醒目的广告语辅助Logo的表现，并通过适当的图像来增强店铺的知名度。

07 按【Ctrl＋J】组合键得到"图层1"，单击"背景"图层的"指示图层可见性"图标 ◎，隐藏"背景"图层。

08 选取工具箱中的魔棒工具，在工具属性栏中设置"容差"为10，如图9-28所示。

图 9-28 设置容差

09 在图像中的白色背景上单击,创建选区,如图 9-29 所示。

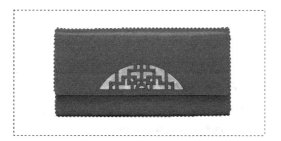

图 9-29 创建选区

10 按【Delete】键,即可删除选区内的图像,按【Ctrl+D】组合键取消选区,如图 9-30 所示。

图 9-30 取消选区

11 选取工具箱中的移动工具,将素材图像移动至"图像3"编辑窗口中。

12 按【Ctrl+T】组合键,调整图像大小和位置,按【Enter】键确认操作,效果如图 9-31 所示。

图 9-31 调整图像大小和位置

13 重复步骤06~12的操作,将素材图像"图像6.jpg""图像7.jpg"及"图像8.jpg"依次移动至"图像3"编辑窗口中,如图 9-32 所示。

图 9-32 移动素材图像

14 在工具箱中选取横排文字工具,在"字符"面板中设置"字体"为"Times New Roman","字体大小"为36点,字距为200,"颜色"为黑色,如图 9-33 所示。

图 9-33 设置各选项

15 在图像中单击并输入文字,如图 9-34 所示。

图 9-34 输入文字

16 按【Ctrl+Enter】组合键确认输入,并适当调整其位置,如图 9-35 所示。

图 9-35 调整位置

专家指点

店招的外观和基本色调要根据页面的整体版面设计来确定,而且要考虑到进行缩放等处理时的效果变化,以便在各种媒体上能保持相对稳定的展示效果。

17 在"字符"面板中设置"字体"为"Estrangelo Edessa","字体大小"为14点,"颜色"为黑色,如图 9-36 所示。

图 9-36 设置各选项

18 在图像中单击并输入文字,如图9-37所示。

图 9-37 输入文字

19 按【Ctrl+Enter】组合键确认输入,并适当调整其位置,最终效果如图9-38所示。

图 9-38 最终效果

9.2.3 实战——设计食品店招　　进阶

在店招中添加生动形象的店铺标志,可以让买家对品牌留下深刻印象。

下面以食品店招为例,详细介绍食品店招的设计与制作方法。

素材位置	素材 > 第 9 章 > 图像 9.JPG、图像 10.JPG
效果位置	效果 > 第 9 章 > 图像 9.psd、图像 9.jpg
视频位置	视频 > 第 9 章 > 实战——设计食品店招 .mp4

01 单击"文件"|"打开"命令,弹出"打开"对话框,在其中选择"图像9.JPG"文件,如图9-39所示。

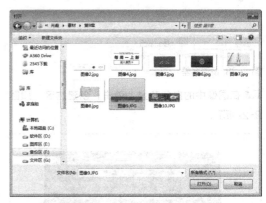

图 9-39 选择图像文件

02 单击"打开"按钮,弹出"Camera Raw 9.7-JPEG"对话框,如图9-40所示。

图 9-40 "Camera Raw 9.7-JPEG"对话框

03 保持默认设置,单击"打开图像"按钮,即可打开图像文件,如图9-41所示。

图 9-41 打开图像文件

04 在工具箱中选取横排文字工具,单击"窗口"|"字符"命令,弹出"字符"面板,在其中设置"字体"为"华康海报体","字体大小"为10点,"颜色"为黑色,激活"仿粗体"按钮,如图9-42所示。

图 9-42 设置各选项

05 在图像中单击，并输入文字，如图9-43所示。

图 9-43 输入文字

06 按【Ctrl+Enter】组合键确认输入，并适当调整其位置，如图9-44所示。

图 9-44 调整位置

07 按【Ctrl+O】组合键，打开一幅素材图像，如图9-45所示。

图 9-45 打开素材图像

08 选取工具箱中的移动工具，将素材图像移动至"图像9"编辑窗口中，按【Ctrl+T】组合键调整图像的大小和位置，如图9-46所示。

图 9-46 调整大小和位置

09 按【Enter】键确认操作，完成食品旺铺店招的设计，效果如图9-47所示。

图 9-47 最终效果

> **专家指点**
>
> 网店的店招按照其状态可以分为动态店招和静态店招。
>
> ● 静态店招：一般来说，静态店招由文字、图像构成，有些店招用纯文字表示，也有些店招用图像表示，也有一些店招同时包含文字和图像。

> ● 动态店招：动态店招就是将图像和文字效果构成GIF动画。动态店招可以使用GIF制作软件制作，如Easy GIF Animator、Ulead GIF Animator、Photoshop等软件都可以制作GIF动态图像。制作前要准备好背景图片和商品图片，再添加需要的文字，如店铺名称或主打商品等。

9.3 习题

习题1 男装网店店招设计

素材位置	素材 > 第9章 > 图像11.jpg、图像12.psd、图像3.psd
效果位置	效果 > 第9章 > 图像11.jpg、图像11.psd
视频位置	视频 > 第9章 > 习题1：男装网店店招设计.mp4

练习通过横排文字工具输入相应文字，并适当添加素材图像来制作男装网店店招，素材如图9-48所示，效果如图9-49所示。

图 9-48 素材图像

图 9-49 最终效果

习题2 家具网店店招设计

素材位置	素材 > 第9章 > 图像13.jpg、图像14.jpg
效果位置	效果 > 第9章 > 图像13.jpg、图像13.psd
视频位置	视频 > 第9章 > 习题2：家具网店店招设计.mp4

练习通过横排文字工具输入店铺名称并添加素材图形来制作家具网店店招，素材如图9-50所示，最终效果如图9-51所示。

图 9-50 素材图像

图 9-51 最终效果

第 10 章 方便顾客自主购物的导航设计

导航条可以方便买家从一个页面跳转到另一个页面,查看店铺的各类商品及信息。因此,有条理的导航条能够保证更多页面被访问,使店铺中更多的商品信息、活动信息被买家发现。尤其是买家想从商品详情页面进入其他页面时,如果缺乏导航条的指引,将极大地影响店铺转化率。本章将详细介绍几种类型网店导航的设计与制作方法。

扫码观看本章实战操作视频

课堂学习目标

- 了解设计导航条的意义
- 掌握幼教店铺导航的制作方法
- 了解导航条的尺寸规格
- 掌握女鞋店铺导航的制作方法

10.1 了解店铺导航

店铺导航是为进店浏览的客户服务的,在网店页面的设计中,店铺导航的设计能够在很大程度上分担客服的压力,好的店铺导航能够有效提高成单率。

10.1.1 设计导航条的意义

为了满足卖家放置各种类型的商品的需求,网店、微店都提供了"宝贝分类"功能,卖家可以针对自己店铺的商品建立对应的分类,这就是导航条。利用导航条,买家就可以快速找到自己想要浏览的商品。

10.1.2 如何设计导航条 **重点**

导航条是网店、微店装修设计中不可缺少的部分,是人们浏览店铺时可以快速从一个页面跳转到另一个页面的快速通道。

设置导航条的目的是让店铺的层次结构以一种有条理的方式清晰展示,并引导顾客浏览店铺而不致迷失。为了让店铺的信息可以有效地传递给顾客,导航一定要简洁、直观、明确。

10.1.3 了解导航条的尺寸规格 **重点**

各网店、微店平台对于导航条的尺寸都有一定的限制,如淘宝网规定导航条的尺寸一般为950像素×50像素,如图10-1所示。

图10-1 导航条的尺寸规格

图10-1 导航条的尺寸规格(续)

由图10-1可以看到,这个尺寸的导航条空间十分有限,除了可以对颜色和文字内容进行更改之外,很难进行更深层次的创作。但是随着网页编辑软件的逐渐普及,很多设计师开始对店铺首页的导航倾注更多的心血,通过对首页整体进行切片来扩展装修效果。

10.1.4 导航条的颜色和字体风格分析 **重点**

在网店、微店的导航条设计中,需要考虑颜色和字体风格。应该从整个首页装修的风格出发,定义导航条的颜色和字体,毕竟导航条的尺寸较小,使用太突兀的颜色会喧宾夺主。

如图10-2所示,导航条使用类似颜色进行色彩搭配,在突出导航内容的同时让整个画面的色彩得到统一,还运用浅蓝底的"所有宝贝"链接来增强导航的层次。

图10-2 使用类似颜色进行色彩搭配的导航条

鉴于导航条的位置都是固定在店招下方的,因此只要和谐、统一,就能够创作出满意的效果。

如图10-3所示,导航条使用金底白字并进行合理的摆放,提升了导航的设计感,色彩的运用也与欢迎模块的配色保持了高度一致。

图10-3 店铺导航条与整个店铺的风格一致

另外,很多设计师还会挖空心思设计出更有创意的作品,从而提升店铺装修的品质感和视觉感,如图10-4所示。

图10-4 外形较为独特的导航条

10.2 店铺导航设计实战

从前面的内容可以初步了解店铺导航设计的重要性,接下来为读者介绍网店导航设计的案例。

10.2.1 实战——设计幼教店铺导航 进阶

下面以幼教店铺为例,介绍导航条的设计与制作方法。

素材位置	素材>第10章>图像1.jpg
效果位置	效果>第10章>图像1.psd、图像1.jpg
视频位置	视频>第10章>实战——设计幼教店铺导航.mp4

01 按【Ctrl+O】组合键,打开"图像1.jpg"素材图像,如图10-5所示。

图10-5 打开素材图像

02 在工具箱中选取圆角矩形工具,在工具属性栏中设置"填充"为玫红色(RGB参数值为230、67、123),如图10-6所示。

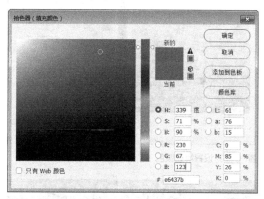

图10-6 设置填充颜色

03 在图像编辑窗口中单击,弹出"创建圆角矩形"对话框,设置"宽度"为125像素,"高度"为42像素,"半径"为20像素,如图10-7所示。

图10-7 设置各选项

04 单击"确定"按钮,创建形状,并调整其位置,效果如图10-8所示。

图10-8 调整位置

05 按【Ctrl+J】组合键,复制形状,使用移动工具平移到右侧,如图10-9所示。

图10-9 复制形状并调整位置

06 选择圆角矩形工具，在工具属性栏中设置"填充"为黄色（RGB参数值为255、241、33），如图10-10所示。执行操作后，即可修改形状的颜色，效果如图10-11所示。

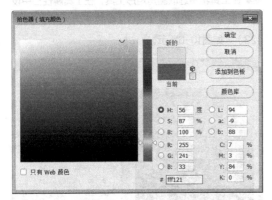

图 10-10 设置填充颜色

图 10-11 修改形状的颜色

07 用相同的方法，继续复制5个形状，并适当调整各个形状的位置，如图10-12所示。

图 10-12 复制形状并调整位置

08 在工具属性栏中依次设置"填充"为浅蓝色（RGB参数值为217、224、226）、蓝色（RGB参数值为0、155、223）、黄绿色（RGB参数值为206、223、0）、绿色（RGB参数值为44、154、66）、浅紫色（RGB参数值为184、128、188），效果如图10-13所示。

图 10-13 修改形状的颜色

09 单击"窗口"|"字符"命令，弹出"字符"面板，在其中设置"字体"为"黑体"，"字体大小"为4点，"颜色"为黑色，如图10-14所示。

图 10-14 设置各选项

10 在图像中的适当位置输入文字，并按【Ctrl+Enter】组合键确认，效果如图10-15所示。

图 10-15 输入文字

11 在工具箱中选取自定形状工具，在工具属性栏中设置"填充"为黑色（RGB各项参数值均为0）。

12 设置"形状"为"标志3"图形，如图10-16所示。

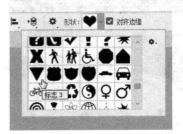

图 10-16 设置"形状"图形

13 在图像中单击创建形状，并调整形状的大小和位置，最终效果如图10-17所示。

图 10-17 最终效果

10.2.2 实战——设计女鞋店铺导航 进阶

店铺导航模块是买家访问店铺各页面的快捷通道。下面以女鞋店铺为例，介绍导航条的设计与制作方法。

素材位置	素材 > 第10章 > 图像2.jpg
效果位置	效果 > 第10章 > 图像2.psd、图像2.jpg
视频位置	视频 > 第10章 > 实战——设计女鞋店铺导航.mp4

01 按【Ctrl + O】组合键,打开"图像2.jpg"素材图像,如图10-18所示。

图10-18 打开素材图像

02 打开"图层"面板,单击底部的"创建新图层"按钮,新建"图层1",如图10-19所示。

03 在工具箱中选取矩形选框工具,在图像中的合适位置创建一个矩形选区,如图10-20所示。

图10-19 新建图层

图10-20 创建矩形选区

04 设置前景色为墨绿色(RGB参数值为54、71、56),如图10-21所示。

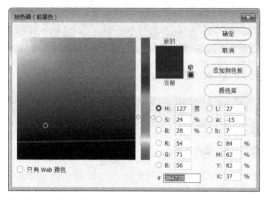

图10-21 设置前景色为墨绿色

05 按【Alt+Delete】组合键填充前景色,按【Ctrl+D】组合键取消选区,效果如图10-22所示。

图10-22 填充前景色

专家指点

矩形条的作用是统一画面的整体色调,统一的色调能更好地体现店铺的经营风格。

06 单击"窗口"|"字符"命令,弹出"字符"面板,在其中设置"字体"为"创艺简标宋","字体大小"为6点,"颜色"为白色(RGB各项参数值均为255),如图10-23所示。

图10-23 设置各参数

07 在图像中的矩形条上输入文字,如图10-24所示。

图10-24 输入相应文字

08 选中文字"今日上新"和"快速购物",在"字符"面板中设置颜色为黄色(RGB参数值为255、255、0),如图10-25所示。

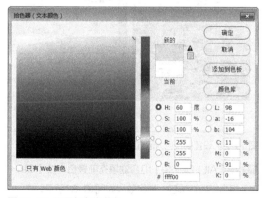

图10-25 设置颜色为黄色

09 执行上述操作后,按【Ctrl+Enter】组合键确认,即可完成文字的输入,效果如图10-26所示。

图 10-26 完成文字的输入

⑩ 新建"图层2",并拖曳至文字图层下方,如图10-27所示。

图 10-27 调整图层顺序

⑪ 在工具箱中选取矩形选框工具,在图像中的合适位置创建矩形选区,如图10-28所示。

图 10-28 创建矩形选区

⑫ 设置前景色为酒红色(RGB参数值为139、40、58),如图10-29所示。

图 10-29 设置前景色为酒红色

⑬ 按【Alt+Delete】组合键填充前景色,按【Ctrl+D】组合键取消选区,最终效果如图10-30所示。

图 10-30 最终效果

10.3 习题

习题1 手机类店铺导航设计

素材位置	素材>第10章>图像3.jpg、图像4.psd
效果位置	效果>第10章>图像3.jpg、图像3.psd
视频位置	视频>第10章>习题1:手机类店铺导航设计.mp4

练习通过矩形选框工具绘制选区并填充前景色来制作手机类店铺导航页面,素材如图10-31所示,效果如图10-32所示。

图 10-31 素材图像

图 10-32 最终效果

习题2 护肤类店铺导航设计

素材位置	素材>第10章>图像5.psd、图像6.jpg、图像7.jpg
效果位置	效果>第10章>图像5.jpg、图像5.psd
视频位置	视频>第10章>习题2:护肤类店铺导航设计.mp4

练习通过填充选区并绘制形状来制作护肤类店铺导航页面,素材如图10-33所示,效果如图10-34所示。

图 10-33 素材图像

图 10-34 最终效果

第 11 章 深入人心的店铺首页设计

网店的首页欢迎模块是对店铺最新商品、促销活动等信息进行展示的区域,位于店铺导航条的下方,其设计面积比店招和导航条都要大,是顾客进入店铺首页时看到的最醒目的区域。本章将对首页的设计要点和技巧进行分析。

扫码观看本章
实战操作视频

课堂学习目标
- 了解设计店铺首页的要点
- 掌握饰品店铺首页的制作方法
- 掌握设计店铺首页的技巧
- 掌握母婴店铺首页的制作方法

11.1 了解店铺首页

欢迎模块在店铺首页中占据了很大面积的位置,如图11-1所示,其设计的空间更大,需要传递的信息也更有讲究。如何找到产品卖点、设计创意,怎样让文字与产品结合,与店铺风格更好地融合,是设计首页需要考虑的问题。

图 11-1 首页欢迎模块

店铺首页的欢迎模块与店招不同,它会随着店铺的销售情况进行改变。当店铺迎接特别节日或者店庆等重要日子时,首页设计会以相关的活动信息为主;当店铺添加了新的商品时,首页设计则以新品上架为主;当店铺有较大的变动时,首页还可以充当公告栏的作用,向顾客告知相关的信息。

店铺首页的欢迎模块根据内容的不同,设计的侧重点也是不同的,如以新品上架为主题的欢迎模块,其画面主要表现新上架的商品,设计风格也应当与新品的风格和特点保持一致,这样才能完整地传达出店家所要表现的思想。

11.1.1 设计店铺首页的要点 **重点**

在设计首页欢迎模块之前,必须明确设计的主要内容和主题,根据设计的主题来寻找合适的创意和表现方式。设计之前应当思考这个欢迎模块设计的目的,如何让顾客轻松地接受,了解顾客最容易接受的方式是什么,最后还要对同行业、同类型的欢迎模块的设计进行研究,得出结论后才可开始着手设计和制作,这样创作出来的作品才更容易被市场和顾客认可。

11.1.2 设计店铺首页的前期准备

首页欢迎模块设计的前期准备,如图11-2所示。

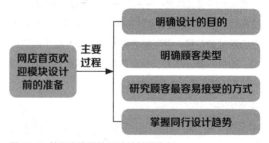

图 11-2 首页欢迎模块设计的前期准备

11.1.3 设计店铺首页的注意事项 **重点**

在进行首页欢迎模块的设计时,要将文案梳理清晰,要知道自己表达内容的中心、主题是什么,用于衬托的文字又是什么。主题文字尽量大一些,让它占据整个文字布局区域,可以考虑用英文来衬托主题。背景和主体元素要相呼应,体现出平衡和整合,最好有疏密、粗细、大小的变化,在变化中追求平衡,并体现出层次感,这样做出来的首页整体效果比较舒服,如图11-3所示。

图 11-3 首页欢迎模块设计

首页欢迎模块一般以图片为主，文案为辅。表达的内容应精练，还应具有抓住主要诉求点，内容不可过多。主题字体醒目、正规大气，可以考虑使用英文衬托。首页欢迎模块还应具有充分的视觉冲击力，可以通过图像和色彩来实现。

人类天然具有好奇的本能，欢迎模块标题要在这点上着力，一下子就能把读者的注意力抓住，在他们寻求答案的过程中不自觉地产生兴趣。

11.1.4 设计店铺首页的技巧 重点

优秀的首页欢迎模块设计，通常具备3个元素，即合理的背景、优秀的文案和醒目的产品信息。如果设计的首页欢迎模块画面不令人满意，一定是这3个方面出了问题。常见的问题有背景亮度太高或太复杂，如蓝天白云草地做背景，很可能会影响文案及产品主题的体现。图11-4所示的首页欢迎模块的背景颜色和谐而统一，整个首页看上去简洁大气。

图 11-4 背景颜色和谐统一

11.2 店铺首页设计实战

前面已对店铺首页设计的相关知识进行了介绍，下面通过两个实战案例来具体说明店铺首页的设计方法。

11.2.1 实战——设计饰品店铺首页 进阶

本案例是为饰品网店设计的首页欢迎模块，使用了较为鲜艳的颜色来表现，同时将画面进行合理分配，便于浏览者了解商家的活动内容，感受到活动所营造的喜庆气氛，增加点击率和浏览时间，提高店铺装修的转化率。

下面介绍饰品店铺首页的设计与制作方法。

素材位置	素材 > 第11章 > 图像2.jpg
效果位置	效果 > 第11章 > 图像1.psd、图像1.jpg
视频位置	视频 > 第11章 > 实战——设计饰品店铺首页.mp4

01 单击"文件"|"新建"命令，弹出"新建文档"对话框，设置"名称"为"图像1"，"宽度"为1900像素，"高度"为600像素，分辨率为300像素/英寸，"颜色模式"为"RGB颜色"，"背景内容"为"白色"，如图11-5所示。

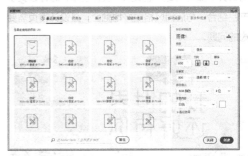

图 11-5 设置各选项

02 单击"创建"按钮，新建一个空白图像。

03 打开"图像2.jpg"素材图像，如图11-6所示。

图 11-6 打开素材图像

04 在工具箱中选取移动工具，将素材图像拖曳至"图像1"编辑窗口中的合适位置处，如图11-7所示。

图 11-7 拖曳图像

05 单击"图像"|"调整"|"亮度/对比度"命令,弹出"亮度/对比度"对话框,设置"亮度"为25,"对比度"为10,如图11-8所示。

图11-8 设置参数

06 单击"确定"按钮,即可调整图像亮度/对比度,效果如图11-9所示。

图11-9 调整图像亮度/对比度

07 单击"图像"|"调整"|"自然饱和度"命令,弹出"自然饱和度"对话框,设置"自然饱和度"为40,"饱和度"为30,如图11-10所示。

图11-10 设置参数

08 单击"确定"按钮,即可调整图像自然饱和度,效果如图11-11所示。

图11-11 调整图像自然饱和度

09 在工具箱中选取横排文字工具,单击"窗口"|"字符"命令,弹出"字符"面板,在其中设置"字体"为"华文行楷","字体大小"为23点,"颜色"为白色,如图11-12所示。

图11-12 设置各选项

10 在图像中的适当位置输入文字"新品上市",如图11-13所示。

图11-13 输入文字

11 按【Ctrl+Enter】组合键确认输入,并适当调整文字的位置,效果如图11-14所示。

图11-14 调整文字位置

12 在"字符"面板中设置"字体"为"黑体","字体大小"为10点,"颜色"为白色,如图11-15所示。

图11-15 设置各选项

13 在图像中的适当位置输入文字"2.1上午10:00新品上新",如图11-16所示。

图 11-16 输入文字

> **专家指点**
>
> 好的文案之所以能打动消费者，是因为这些文案可以与消费者的情感产生共鸣，从而使消费者认同它、接受它，甚至主动传播它。
>
> 一个好的文案除了需要与消费者产生情感上的共鸣外，还需要语句简短，无生僻字，易发音，无歧义，具有流行语潜质，讲究文采。很多电商企业都会用"一个价值点＋一个触动力"的方式，进行"一句话"营销，将这些脍炙人口的广告语文案深深印入消费者的脑海中，让他们经久不忘、回味良久。

14 按【Ctrl+Enter】组合键确认输入，并适当调整文字的位置，效果如图11-17所示。

图 11-17 调整文字位置

15 在"字符"面板中设置"字体"为"黑体"，"字体大小"为20点，"颜色"为白色，如图11-18所示。

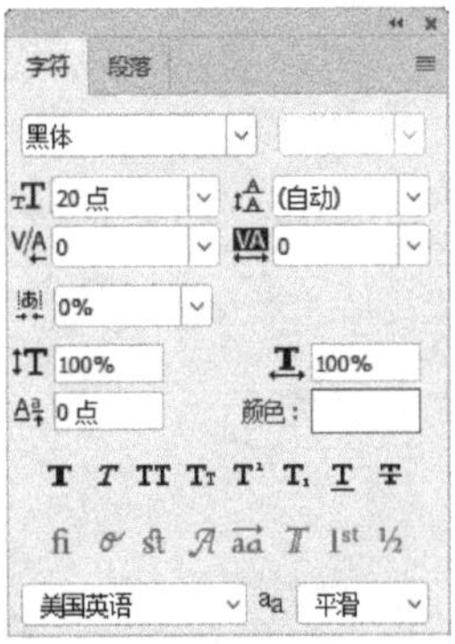

图 11-18 设置各选项

16 在图像中的适当位置输入文字"NEW"，如图11-19所示。

图 11-19 输入文字

17 按【Ctrl+Enter】组合键确认输入，并适当调整文字的位置，效果如图11-20所示。

图 11-20 调整文字位置

18 新建"图层2"，并拖曳至"图层1"上方，如图11-21所示。

图 11-21 拖曳图层

19 在工具箱中选取矩形选框工具，在图像中的适当位置创建矩形选区，如图11-22所示。

图 11-22 创建矩形选区

20 设置前景色为紫色（RGB参数值为180、84、217），如图11-23所示。

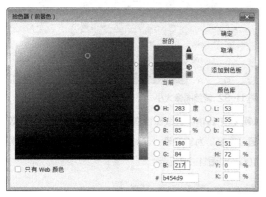

图 11-23 设置前景色为紫色

21 按【Alt+Delete】组合键填充前景色，按【Ctrl+D】组合键取消选区，最终效果如图11-24所示。

图 11-24 最终效果

11.2.2 实战——设计母婴店铺首页 进阶

本案例是为母婴网店设计的首页欢迎模块，在配色方面借鉴了商品的颜色，并通过大小和外形不同的文字来表现店铺的主题内容，使用同一色系来提升画面的品质，让整体效果更加协调统一。下面介绍具体的设计与制作方法。

素材位置	素材 > 第 11 章 > 图像 3.jpg、图像 4.jpg、图像 5.psd
效果位置	效果 > 第 11 章 > 图像 3.psd、图像 3.jpg
视频位置	视频 > 第 11 章 > 实战——设计母婴店铺首页 .mp4

01 单击"文件"|"打开"命令，打开"图像 3.jpg"素材图像，如图 11-25 所示。

图 11-25 打开素材图像

02 单击"图像"|"调整"|"亮度/对比度"命令，弹出"亮度/对比度"对话框，设置"亮度"为18，"对比度"为35，如图11-26所示。

图 11-26 设置参数

03 单击"确定"按钮，即可调整图像亮度/对比度，效果如图11-27所示。

图 11-27 调整图像亮度/对比度

04 单击"图像"|"调整"|"自然饱和度"命令，弹出"自然饱和度"对话框，设置"自然饱和度"为100，"饱和度"为25，如图11-28所示。

图 11-28 设置参数

05 单击"确定"按钮，即可调整图像自然饱和度，效果如图11-29所示。

图 11-29 调整图像自然饱和度

> **专家指点**
>
> 在进行网店装修的过程中,为了获得最佳的画面效果,会使用很多素材对画面进行修饰。例如,使用光线对文字和金属质感的商品进行修饰,利用花卉素材对标题栏或者标题进行点缀,用碎花素材对画面的背景进行布置等,在这些操作中都需要用到素材文件。

06 单击"文件"|"打开"命令,打开"图像4.jpg"素材图像,如图11-30所示。

图 11-30 打开素材图像

07 在工具箱中选取移动工具,将"图像4"拖曳至"图像3"编辑窗口中,如图11-31所示。

图 11-31 拖曳图像

> **专家指点**
>
> 与商品照片素材不同的是,设计素材大部分都起着修饰和点缀的作用,大部分都为矢量素材。

08 按【Ctrl+T】组合键,调出变换控制框,适当调整图像大小,并按【Enter】键确认,如图11-32所示。

图 11-32 调整图像大小

09 在工具箱中选取磁性套索工具,在工具属性栏中设置"宽度"为10像素,"对比度"为10%,"频率"为100,如图11-33所示。

图 11-33 设置工具参数

10 在图像中沿商品边缘移动鼠标指针,如图11-34所示。

图 11-34 沿商品边缘移动鼠标指针

11 至起始位置后单击,创建选区,如图11-35所示。

图 11-35 创建选区

12 单击"选择"|"反选"命令,即可反选选区,按【Delete】键删除选区内的图像,如图11-36所示。

图 11-36 删除图像

13 按【Ctrl+D】组合键取消选区，如图11-37所示。

图 11-37 取消选区

14 在工具箱中选取自定形状工具，在工具属性栏的"形状"下拉面板中选择"会话3"形状，如图11-38所示。

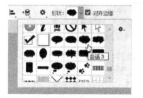

图 11-38 选择形状

15 设置填充颜色为玫红色（RGB参数值为254、120、153），如图11-39所示。

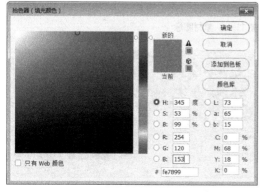

图 11-39 设置填充颜色

16 在图像中的适当位置绘制一个形状，如图11-40所示。

图 11-40 绘制形状

17 在工具箱中，选取横排文字工具。

专家指点

优秀的网店首页都是采用"文字+图片"的模式，所以仅"一句话"是不够的，还必须有一张能配合"一句话"并能展现出产品特性或促销信息，抑或是活动主题的"一幅图"，才能形成优秀电商文案。

一次成功的电商视觉营销和一个优秀的电商文案，都需要在图片上下功夫。只有将一幅好的图片与符合主题的文案结合在一起，才能吸引消费者的注意力，勾起消费者的购买欲望，使电商企业活动赢利。

18 单击"窗口"|"字符"命令，打开"字符"面板，

设置"字体"为"方正卡通简体"，"字体大小"为6点，"颜色"为玫红色（RGB参数值为254、120、153），"行距"为10点，如图11-41所示。

图 11-41 设置各选项

专家指点

在现实生活中，有很多朗朗上口的广告文案，几乎都是不超过3句话的广告文案，如"怕上火，就喝王老吉""特步飞一般的感觉""只融在口，不融在手"等，都是堪称经典的广告文案。这些文案都是讲究语句的结构、语法的正确性，并且以产品特点、消费者需求等因素进行创作，并不是用华丽的辞藻胡乱堆积的，也并不是一味讲求诗一般的意境。只有求真、朴实，在消费者需求上制造出的创意，才能打动消费者。

19 打开"图层"面板,隐藏"形状1"图层。

20 在图像中形状所在位置输入文字,并按【Ctrl+Enter】组合键确认,如图11-42所示。

图 11-42 输入文字

21 双击文字图层,弹出"图层样式"对话框,选中"描边"复选框,设置"大小"为5像素,"颜色"为白色,如图11-43所示。

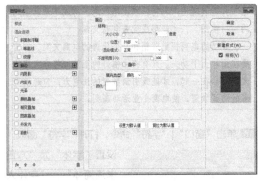

图 11-43 设置各选项

22 单击"确定"按钮,应用图层样式,单击"形状1"图层左侧的"指示图层可见性"图标,显示"形状1"图层,效果如图11-44所示。

图 11-44 显示图层

23 打开"图像5.psd"素材图像,使用移动工具将素材图像拖曳至背景图像编辑窗口中的合适位置并调整大小,最终效果如图11-45所示。

图 11-45 最终效果

11.3 习题

习题1 食品网店首页设计

素材位置	素材 > 第11章 > 图像6.jpg、图像7.jpg、图像8.psd
效果位置	效果 > 第11章 > 图像6.jpg、图像6.psd
视频位置	视频 > 第11章 > 习题1:食品网店首页设计.mp4

练习通过魔棒工具抠取图像,再输入文字来制作食品网店首页,素材如图11-46所示,效果如图11-47所示。

图 11-46 素材图像

图 11-47 最终效果

习题2 女包网店首页设计

素材位置	素材 > 第 11 章 > 图像 9.psd、图像 10.psd
效果位置	效果 > 第 11 章 > 图像 9.jpg、图像 9.psd
视频位置	视频 > 第 11 章 > 习题 2：女包网店首页设计 .mp4

练习通过渐变工具为背景填充渐变色，并输入相应文字来制作女包网店首页，素材如图11-48所示，最终效果如图11-49所示。

图 11-48 素材图像

图 11-49 最终效果

第 12 章 不同类别的主图设计

使用橱窗、店铺推荐位可以提高店铺的浏览量,增加店铺的成交量,尤其对于手机端网店的卖家而言,橱窗位的商品主图优化是一种十分重要的营销手段。淘宝、天猫及微店上的商品种类繁多,使用橱窗推荐可以增加卖家商品的曝光度。本章主要介绍不同类别的主图设计。

扫码观看本章
实战操作视频

课堂学习目标
- 了解收集商品素材的方法
- 掌握帆布鞋店铺主图的制作方法
- 了解展示主图的方式
- 掌握厨具店铺主图的制作方法

12.1 了解店铺主图

网店的主图设计是网店页面中的点睛之处,商品主图如果设计得漂亮,能够增加流量。本节为读者分析网店主图设计的一些相关知识。

12.1.1 如何收集商品素材 **重点**

店铺装修时会用到大量的图片素材,这些素材可以在网络上收集,如在搜狗或者百度中搜索"素材"一词,就会搜索出很多素材网站,如图12-1所示。在不涉及版权的情况下,都可以下载使用。

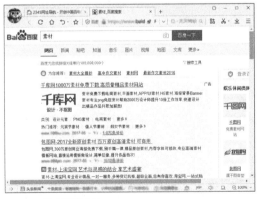

图 12-1 搜索图片素材

打开其中一个提供图片素材的网站,可看到很多素材图片,如图12-2所示。找到合适的图片保存在本地计算机中,以便设计店铺主图时使用。此外,也可以购买一些素材图库,图库越丰富,素材越全面,设计时就越容易。

图 12-2 图片素材

12.1.2 展示主图的方式 **重点**

好的商品图片在网络营销中起着重要作用,不但可以增加在商品搜索列表中被发现的概率,而且直接影响到买家的购买决策。那么什么是好的商品图片呢?

好的商品图片应该反映出商品的类别、款式、颜色、材质等基本信息。在此基础上,要求商品图片拍得清晰、主题突出及颜色准确等,如图12-3所示。

图 12-3 好的商品图片

> **专家指点**
>
> 在拍摄商品整体图片时,应该注意以下几个方面。
> - 注意背景问题:适当添加背景可以更好地展示商品。
> - 商品的配件:顾名思义,就是点缀商品的饰品,饰品不能太大,不然就喧宾夺主了。
> - 用真人模特:建议有条件的卖家用真人模特,尤其是服装,以上两点只是给买家一个纯物件的概念,真正穿在身上是什么效果,买家心里没有底。如果有真人示范,就给了买家一颗定心丸。

要把一件商品完整地呈现在买家面前,让买家对商品在整体上、细节上都有一个深层次的了解,则一件商品的主图至少要有整体图和细节图,如图 12-4 所示。

图 12-4 整体图和细节图

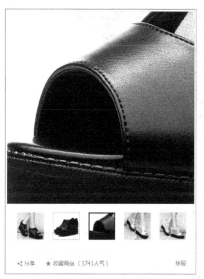

图 12-4 整体图和细节图(续)

> **专家指点**
>
> 细节图要清晰、主次分明。有的图片很模糊,看不清楚,买家当然没有购买的欲望。同时,图片不要喧宾夺主。在保证一定质量的情况下,图片不要太大,否则会影响买家浏览时的下载速度。

12.2 店铺主图设计实战

主图设计在淘宝、天猫网店装修中占据重要地位,因此,下面将为读者讲述网店主图设计的案例。

12.2.1 实战——设计帆布鞋主图 进阶

本案例是为某品牌的帆布鞋设计的商品主图,在制作的过程中使用充满活力的强对比色背景图片进行修饰,添加促销方案和简单的广告词来突出产品优势。

下面具体介绍帆布鞋主图的设计与制作方法。

素材位置	素材 > 第 12 章 > 图像 1.jpg、图像 2.jpg、图像 3.psd
效果位置	效果 > 第 12 章 > 图像 1.psd、图像 1.jpg
视频位置	视频 > 第 12 章 > 实战——设计帆布鞋主图 .mp4

01 按【Ctrl + O】组合键,打开"图像 1.jpg"素材图像,如图 12-5 所示。

图 12-5 打开素材图像

图 12-8 裁剪图像

02 在工具箱中选取裁剪工具,在工具属性栏中的"选择预设长宽比或裁剪尺寸"下拉列表框中选择"1:1(方形)"选项,如图12-6所示。

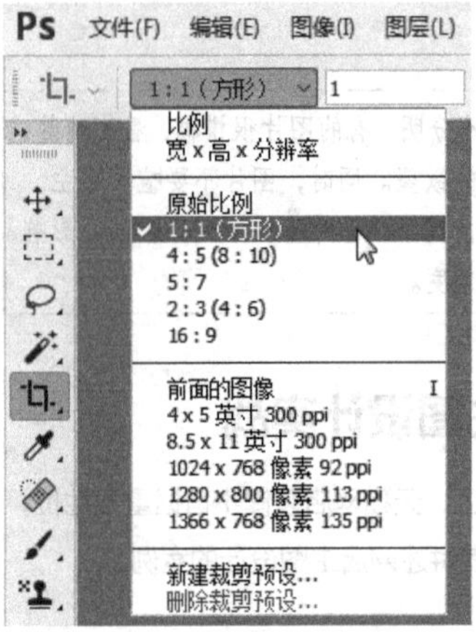

> **专家指点**
>
> 淘宝橱窗的图片尺寸要小于1200像素×1200像素,一般情况下 700 像素 × 700 像素是比较合适的尺寸。

04 单击"图像"|"调整"|"亮度/对比度"命令,弹出"亮度/对比度"对话框,设置"亮度"为10,"对比度"为15,如图12-9所示。

图 12-9 设置参数

05 单击"确定"按钮,即可增强主图背景的对比效果,如图12-10所示。

图 12-6 选择相应选项

03 此时在图像中会显示1:1的方形裁剪框,如图12-7所示。调整裁剪的区域,按【Enter】键确认裁剪图像,如图12-8所示。

图 12-10 增强对比效果

06 按【Ctrl+O】组合键,打开"图像2.jpg"素材图像,如图12-11所示。

图 12-7 方形裁剪框

图 12-11 打开素材图像

07 按【Ctrl+J】组合键,复制一个新图层,并隐藏 "背景"图层,如图12-12所示。

图 12-12 隐藏"背景"图层

08 在工具箱中选取魔棒工具,在工具属性栏中设置 "容差"为6,如图12-13所示。

图 12-13 设置"容差"

09 在图像的白色区域单击,即可创建选区,如图 12-14所示。

图 12-14 创建选区

10 按【Delete】键,删除选区内的图像,并取消选 区,如图12-15所示。

图 12-15 清除白色背景

11 在工具箱中选取移动工具,将"图像2"拖曳至 "图像1"编辑窗口中,如图12-16所示。

12 按【Ctrl+T】组合键,调出变换控制框,将鼠标指 针移动至变换控制框的右侧,当鼠标指针呈↵形状时, 拖曳鼠标旋转图像,如图12-17所示。

图 12-16 拖曳图像

图 12-17 旋转图像

13 旋转图像至合适角度并调整大小和位置,按 【Enter】键确认调整,效果如图12-18所示。

图 12-18 调整图像

专家指点

通过整体图，买家可以对商品有一个总体的了解。特别是服装，可用 1～3 张整体效果图告诉买家穿上这件衣服的整体感觉，包括正面、侧面、背面的整体效果。

14 在工具箱中选取矩形工具，在工具属性栏中设置形状填充颜色为黄色（RGB 参数值为 247、227、53），如图 12-19 所示。

图 12-19 设置形状填充颜色

15 在绿色背景区域的合适位置绘制一个矩形，如图 12-20 所示。

图 12-20 绘制矩形

16 在"图层"面板中双击"矩形1"图层，弹出"图层样式"对话框，选中"投影"复选框，设置"不透明度"为 29%，"距离"为 3 像素，"大小"为 3 像素，如图 12-21 所示。单击"确定"按钮，即可为矩形添加投影效果。

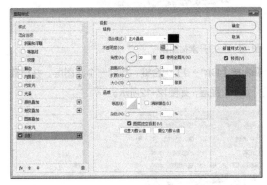

图 12-21 设置参数

17 在工具箱中选取横排文字工具，在"字符"面板中设置"字体"为"方正大黑简体"，"字体大小"为 6.5 点，"颜色"为深绿色（RGB 参数值为 48、77、73），激活"仿粗体"按钮，如图 12-22 所示。

图 12-22 设置各选项

专家指点

利用模特拍摄商品照片时，首先要计划好到底要拍摄什么效果的照片。如果事先不做任何计划，单纯依靠模特，不但会拖延拍摄时间，而且无法达到满意的效果。同时，模特的使用时间越长，费用也越高，会增加不必要的成本。
商品图片不要过分处理和修饰，要保证真实诚信，否则买家收到商品后的心理落差很大，自然也就不满意了。

18 在矩形上输入文字，按【Ctrl+Enter】组合键确认输入，切换至移动工具，适当调整文字的位置，效果如图 12-23 所示。

图 12-23 输入文字

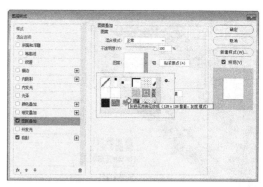

图 12-25 设置"图案叠加"样式选项

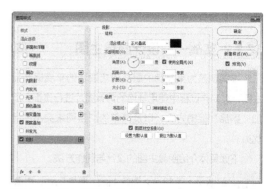

图 12-26 设置"投影"样式选项

⑲ 设置"字体"为"方正大黑简体","字体大小"为15点,"颜色"为白色,字距为-100,激活"仿粗体"按钮,在矩形上方输入文字,并按【Ctrl+Enter】组合键确认输入,如图12-24所示。

图 12-24 输入文字

⑳ 双击"全国包邮"文字图层,弹出"图层样式"对话框,选中"图案叠加"复选框,选择叠加图案,如图12-25所示;选中"投影"复选框,设置"不透明度"为37%,"距离"为3像素,"大小"为3像素,如图12-26所示。单击"确定"按钮,即可完成对文字样式的设置。

㉑ 按【Ctrl+O】组合键,打开"图像3.psd"素材图像,如图12-27所示。

图 12-27 打开素材图像

㉒ 在工具箱中选取移动工具,将"图像3"拖曳至"图像1"编辑窗口中,并适当调整图像的位置,最终效果如图12-28所示。

图 12-28 最终效果

12.2.2 实战——设计厨具主图 进阶

本案例是为某品牌的厨具网店设计的平底锅商品主图,在制作过程中使用鲜艳的背景图片进行修饰,添加"赠品"促销方案,以及简单的广告词来突出产品优势。

下面具体介绍厨具主图的设计与制作方法。

素材位置	素材 > 第 12 章 > 图像 4.jpg、图像 5.jpg、图像 6.jpg、图像 7.psd
效果位置	效果 > 第 12 章 > 图像 4.psd、图像 4.jpg
视频位置	视频 > 第 12 章 > 实战——设计厨具主图 .mp4

01 按【Ctrl + O】组合键,打开"图像 4.jpg"素材,如图 12-29 所示。

图 12-29 打开素材

02 在工具箱中选取裁剪工具,在工具属性栏中的"选择预设长宽比或裁剪尺寸"列表框中选择"1:1(方形)"选项,在图像中会显示1:1的方形裁剪框,如图12-30所示。

图 12-30 显示方形裁剪框

03 按【Enter】键确认裁剪图像,如图12-31所示。

图 12-31 裁剪图像

04 按【Ctrl + O】组合键,打开"图像5.jpg"素材图像,如图12-32所示。

图 12-32 打开素材图像

05 按【Ctrl + J】组合键,复制一个新图层,并隐藏"背景"图层,如图12-33所示。

图 12-33 隐藏"背景"图层

06 在工具箱中选取魔棒工具,在工具属性栏中设置"容差"为5,在图像的白色区域单击,即可创建选区,如图12-34所示。

图 12-34 创建选区

07 按【Delete】键,删除选区内的部分,并取消选区,如图12-35所示。

图 12-35 抠取图像

08 在工具箱中选取移动工具,将"图像5"拖曳至"图像4"编辑窗口中,如图12-36所示。

图 12-36 拖曳图像

09 按【Ctrl+T】组合键,调出变换控制框,调整图像的大小和位置,按【Enter】键确认调整,如图12-37所示。

图 12-37 调整图像的大小和位置

10 按【Ctrl+O】组合键,打开"图像6.jpg"素材图像,如图12-38所示。

图 12-38 打开素材图像

11 重复步骤05~09的操作,将"图像6"拖曳至"图像4"编辑窗口中,并调整图像的大小和位置,如图12-39所示。

图 12-39 调整图像的大小和位置

12 在工具箱中选取矩形工具,在工具属性栏中设置"填充"为橙色(RGB参数值为255、108、35),如图12-40所示。

图 12-40 设置填充颜色

13 在图像左上方的合适位置绘制一个矩形,如图 12-41所示。

图 12-41 绘制矩形

14 双击"矩形1"图层,弹出"图层样式"对话框,选中"投影"复选框,保持默认设置,如图 12-42所示。

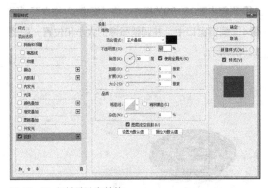

图 12-42 保持默认参数值

15 单击"确定"按钮,即可为矩形添加投影效果,如图12-43所示。

图 12-43 添加投影效果

16 在工具箱中选取横排文字工具,设置"字体"为"幼圆","字体大小"为6点,字距为100,"颜色"为白色,激活"仿粗体"按钮,如图12-44所示。

图 12-44 设置各选项

17 输入文字,按【Ctrl+Enter】组合键确认输入,切换至移动工具,根据需要调整文字的位置,效果如图 12-45所示。

图 12-45 输入文字

18 在工具箱中选取横排文字工具,设置"字体"为"幼圆","字体大小"为11点,"颜色"为橙色(RGB参数值为255、108、35),字距为100,激活"仿粗体"按钮,如图12-46所示。

图 12-46 设置各选项

19 输入文字,按【Ctrl+Enter】组合键确认输入,切换至移动工具,根据需要调整文字的位置,效果如图 12-47所示。

图 12-47 输入文字

20 在工具箱中选取椭圆工具,在工具属性栏中设置"填充"为红色(RGB参数值为253、2、14),如图12-48所示。

图 12-48 设置"填充"颜色

21 在图像的右下方,绘制一个圆形,如图12-49所示。

图 12-49 绘制圆形

22 在工具箱中选取横排文字工具,设置"字体"为"方正超粗黑简体","字体大小"为11点,"颜色"为白色,如图12-50所示。

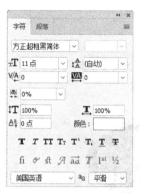

图 12-50 设置各选项

23 输入文字,按【Ctrl+Enter】组合键确认输入,切换至移动工具,根据需要调整文字的位置,效果如图12-51所示。

图 12-51 输入文字

24 按【Ctrl+O】组合键,打开"图像7.psd"素材图像,如图12-52所示。

图 12-52 打开素材图像

25 选择"图层1",在工具箱中选取移动工具,将"图像7"拖曳至"图像4"编辑窗口中,调整素材至合适位置,效果如图12-53所示。

图 12-53 最终效果

12.3 习题

习题1 玩具网店主图设计

素材位置	素材＞第12章＞图像8.jpg、图像9.jpg
效果位置	效果＞第12章＞图像8.jpg、图像8.psd
视频位置	视频＞第12章＞习题1:玩具网店主图设计.mp4

练习通过裁剪工具制作玩具网店主图的背景,再绘制形状、输入文字来制作玩具网店主图,素材如图12-54所示,效果如图12-55所示。

图 12-54 素材图像

图 12-55 最终效果

习题2 箱包网店主图设计

素材位置	素材＞第12章＞图像10.jpg、图像11.jpg、图像12.jpg、图像13.psd
效果位置	效果＞第12章＞图像10.jpg、图像10.psd
视频位置	视频＞第12章＞习题2:箱包网店主图设计.mp4

练习通过裁剪工具制作箱包网店主图的背景,并添加相应素材图像来优化箱包网店主图,素材如图12-56所示,效果如图12-57所示。

图 12-56 素材图像

图 12-57 最终效果

第13章 吸引眼球的店铺海报设计

好的广告海报决定了网店在消费者心目中的形象,是决定点击率的核心因素,也在一定程度上决定了网店销售量。因此,网店的广告海报设计是店铺营销过程中非常重要的一环。

本章主要向读者介绍网店海报的设计。

课堂学习目标

- 了解网络广告海报的分类
- 掌握女鞋店铺海报的制作方法
- 掌握广告海报设计的要点
- 掌握化妆品店铺海报的制作方法

13.1 广告海报的设计分析

网络广告的传播不受时间和空间的限制,广告信息24小时不间断地传播到世界各地。

只要具备上网条件,任何人在任何地点都可以看到这些信息,这是其他广告媒体无法实现的。因此,网店的广告海报设计是店铺营销过程中非常重要的一环。

13.1.1 网络广告海报的分类　　重点

网络广告是一种新兴的广告形式。网络广告是广告主以付费方式运用互联网媒体对公众进行劝说的一种信息传播活动,简而言之,网络广告是指利用互联网这种载体,以图文或多媒体方式发布的营利性广告,是网络上的有偿信息传播。图13-1所示为淘宝网店的网络广告。

图13-1 网络广告

网络广告是主要的网络营销方法之一,在网络营销方法体系中具有举足轻重的地位。网络广告是向互联网用户传递营销信息的一种手段,是对用户注意力资源的合理利用。

互联网是一个全新的广告媒体,速度快且效果很理想,是企业宣传自己的很好的途径,对于广泛开展国际业务的企业来说更是如此。图13-2所示为窗帘的网络广告。

图13-2 窗帘网络广告

1. 按计费分类

(1)按展示计费。

- CPM(Cost per Mille/Cost per Thousand Impressions)广告:每千次印象费用,即广告每显示1000次(印象)的费用。CPM是最常用的网络广告定价模式之一。

- CPTM(Cost per Targeted Thousand Impressions)广告:经过定位的用户的千次印象费用(如根据人口统计信息定位)。CPTM与CPM的区别在于,CPM是所有用户的印象数,而CPTM只是经过定位的用户的印象数。

(2)按行动计费。

- CPC(Cost-per-Click)广告:根据广告被点击的次数收费。关键词广告一般采用这种定价模式。

- PPC（Pay-per-Click）广告：是一种根据点击广告或者阅读电子邮件信息的用户数量来付费的网络广告定价模式。
- CPA（Cost-per-Action）广告：指按广告投放实际效果，即按回应的有效问卷或订单来计费，而不限广告投放量。
- CPL（Cost-per-Lead）广告：按注册成功数量支付佣金。
- PPL（Pay-per-Lead）广告：指每次通过网络广告产生的引导付费的定价模式。

（3）按销售计费。

- CPO（Cost-per-Order）广告：指根据每个订单/每次交易来收费的方式。
- CPS（Cost Per Sale）广告：以实际销售产品数量来换算广告刊登金额。
- PPS（Pay-per-Sale）广告：根据网络广告所产生的直接销售数量来付费的一种定价模式。

2. 按形式分类

- 横幅广告：又称旗帜广告（Banner），是GIF、JPG、SWF等格式的图像文件，在网页中大多用来表现广告内容，如图13-3所示。横幅广告一般位于网页的上方或中部，用户注意程度比较高。同时，还可使用Java等语言使其产生交互性，可使用Shockwave等插件工具增强广告的表现力，是经典的网络广告形式。

图13-3 手机淘宝中的 Banner 广告

- 竖幅广告：位于网页的两侧，广告面积较大，较狭窄，能够展示较多的广告内容，单击即可跳转至活动页面。
- 文本链接广告：以一排文字为一个广告，点击链接可以进入相应的广告页面，如图13-4所示。这是一种对浏览者干扰最少，却较为有效果的网络广告形式。有时候，最简单的广告形式效果却最好。
- 电子邮件广告：电子邮件广告具有针对性强（除非肆意滥发）、费用低廉的特点，且广告内容不受限制。它可以针对某一个人发送特定的广告，是其他网络广告方式所不能及的。
- 按钮广告：按钮广告一般位于页面两侧，根据页面设置有不同的规格，动态展示客户要求的各种广告效果，如图13-5所示。

图13-4 文本链接广告　　图13-5 按钮广告

- 浮动广告：浮动广告在页面中随机或按照特定路径漂浮。
- EDM营销：通过EDM软件向目标客户定向投放对方感兴趣或需要的广告及促销内容，以及派发礼品、调查问卷，并及时获得目标客户的反馈信息，如图13-6所示。

图13-6 调查问卷

- 插播式广告（弹出式广告）：访客在请求登录网页时强制插入一个广告页面或弹出广告窗口。它们类似于电视广告，打断正常节目的播放，强迫用户观看。插播式广告有各种尺寸，有全屏的，也有小窗口的，而且互动的程度也不同，有静态的，也有动态的。
- 富媒体广告：一般指使用浏览器插件或脚本语言编写的具有复杂视觉效果和交互功能的网络广告。这些效果的使用是否有效，一方面取决于站点的服务器端设置，另一方面取决于访问者浏览器是否能查看。一般来说，富媒体广告能表现更多、更精彩的广告内容。
- 其他新型广告：视频广告、路演广告、巨幅连播广告、翻页广告等。
- 招商海报设计：通常以商业宣传为目的，采用引人注目的视觉效果达到宣传某种商品或服务的目的，如图13-8所示。

图 13-8 招商海报

招商海报的设计应明确商业主题，同时在文案的应用上要注意突出重点内容，不宜太过花哨。

13.1.2 广告海报设计的要点 重点

与电视、报刊、广播三大传统媒体或各类户外媒体、直邮、黄页相比，网络媒体集以上各种媒体之大成，具有得天独厚的优势。随着网络的高速发展及完善，它日渐融入人们的工作和生活，对于现代营销来说，网络媒体是重要的媒体战略组成部分。

网店中的广告海报设计技术要点如下。

- 店内海报设计：通常应用于营业店面内，具有店内装饰和宣传用途，如图13-7所示。

图 13-7 店内广告海报

店内海报的设计需要考虑到店铺的整体风格、色调及营业的内容，力求与环境相融合。

专家指点

网络广告的辅助工具就是我们常说的营销软件，是以软件的形式模拟手工发布广告。这类软件比较多，选择软件应该根据企业的具体需求来决定。

13.2 店铺海报设计实战

如今，网络平台很多，网络用户也是分散的，发布网络广告的企业也越来越多，竞争很是激烈。要想取得显著的效果，就得在多个平台上发布，做多方位的网络广告。接下来为读者讲述网店海报设计的案例。

13.2.1 实战——设计女鞋店铺海报 进阶

本案例是为女鞋店铺设计的广告海报，将女鞋图片与宣传文案自然地融合在一起，通过错落的排版方式和颜色对比，有效地将视觉集中到画面中心的文字区域，从而将信息传递给顾客。

下面具体介绍海报的设计与制作方法。

素材位置	素材 > 第 13 章 > 图像 2.jpg、图像 3.jpg、图像 4.psd、图像 5.psd
效果位置	效果 > 第 13 章 > 图像 1.psd、图像 1.jpg
视频位置	视频 > 第 13 章 > 实战——设计女鞋店铺海报 .mp4

01 按【Ctrl + N】组合键，弹出"新建文档"对话框，设置"名称"为"图像 1"，"宽度"为 1225 像素，"高度"为 768 像素，"分辨率"为 72 像素 / 英寸，"颜色模式"为"RGB 颜色"，"背景内容"为"白色"，如图 13-9 所示。

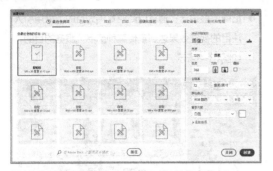

图13-9 设置各选项

02 单击"创建"按钮,新建一个空白图像。

03 按【Ctrl+O】组合键,打开"图像2.jpg"素材,如图13-10所示。

图13-10 打开素材

04 在工具箱中选取移动工具,将"图像2"拖曳至"图像1"编辑窗口中。

05 按【Ctrl+O】组合键,打开"图像3.jpg"素材图像,如图13-11所示。

图13-11 打开素材图像

06 按【Ctrl+J】组合键,复制一个新图层,并隐藏"背景"图层。

07 在工具箱中选取魔棒工具,在工具属性栏中设置"容差"为5,如图13-12所示。

图13-12 设置"容差"

08 在图像的背景区域单击,即可创建选区,如图13-13所示。

图13-13 创建选区

09 按【Delete】键,删除选区内的部分,并取消选区,如图13-14所示。

图13-14 删除图像背景

10 在工具箱中选取移动工具,将"图像3"拖曳至"图像1"编辑窗口中,如图13-15所示。

图13-15 拖曳图像

11 在工具箱中选取横排文字工具，设置"字体"为"方正中倩简体"，"字体大小"为16点，字距为-31，"颜色"为玫红色（RGB参数值为250、88、215），激活"仿粗体"按钮，如图13-16所示。

图 13-16 设置各选项

12 输入文字，按【Ctrl+Enter】组合键确认输入，切换至移动工具，根据需要调整文字的位置，效果如图13-17所示。

图 13-17 输入文字

13 切换至横排文字工具，设置"字体"为"方正大标宋简体"，"字体大小"为72点，"颜色"为玫红色（RGB参数值为250、88、215），字距为-218，激活"仿粗体"按钮，如图13-18所示。

图 13-18 设置各选项

14 输入文字，按【Ctrl+Enter】组合键确认输入，切换至移动工具，根据需要调整文字的位置，效果如图13-19所示。

图 13-19 输入文字

专家指点

在淘宝海报设计中，750像素宽的海报高度最小为200像素，最高为440像素，以300像素高度为主。750像素宽的海报储存大小以160KB～200KB居多，建议在不损失海报细腻程度的情况下，尽量将广告海报的大小控制在200KB以下。

15 按【Ctrl+O】组合键，打开"图像4.psd"素材图像，如图13-20所示。

图 13-20 打开素材图像

16 在工具箱中选取移动工具，将"图像4"拖曳至"图像1"编辑窗口中，如图13-21所示。

图 13-21 拖曳图像

147

17 按【Ctrl+T】组合键,调出变换控制框,调整图像的大小和位置,按【Enter】键确认调整,如图13-22所示。

图13-22 调整图像的大小和位置

18 按【Ctrl+O】组合键,打开"图像5.psd"素材图像,如图13-23所示。

图13-23 打开素材图像

19 在工具箱中选取移动工具,将"图像5"拖曳至"图像1"编辑窗口中,如图13-24所示。

图13-24 拖曳图像

20 在工具箱中选取椭圆工具,在工具属性栏中设置"填充"为粉红色(RGB参数值为253、113、157),如图13-25所示。

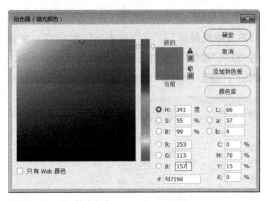

图13-25 设置填充颜色

21 在背景的合适位置绘制一个圆形,如图13-26所示。

图13-26 绘制圆形

22 在工具箱中选取横排文字工具,设置"字体"为"幼圆","字体大小"为24点,"行距"为28点,字距为-89,"颜色"为白色,激活"仿粗体"按钮,如图13-27所示。

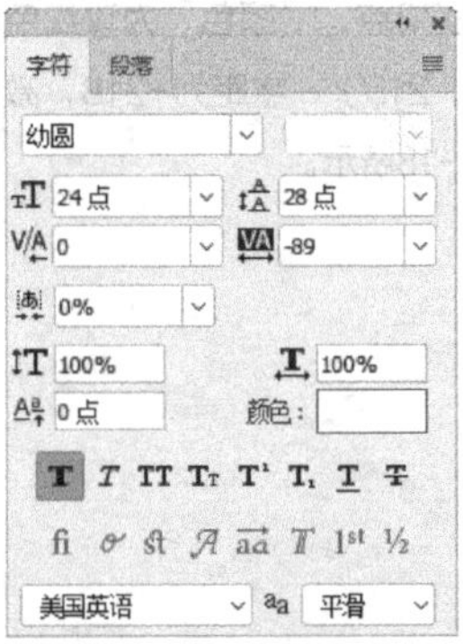

图13-27 设置各选项

23 输入文字,并调整角度,按【Ctrl+Enter】组合键确认输入,如图13-28所示。

第 13 章 吸引眼球的店铺海报设计

素材位置	素材＞第 13 章＞图像 7.psd、图像 8.psd
效果位置	效果＞第 13 章＞图像 6.psd、图像 6.jpg
视频位置	视频＞第 13 章＞实战——设计化妆品店铺海报 .mp4

图 13-28 输入文字

24 切换至移动工具，根据需要调整文字的位置，如图 13-29所示。执行操作后，即可完成女鞋海报的制作，最终效果如图13-30所示。

01 按【Ctrl + N】组合键，弹出"新建文档"对话框，设置"名称"为"图像 6"，"宽度"为 16 厘米，"高度"为 9.6 厘米，"分辨率"为 300 像素/英寸，"颜色模式"为"RGB 颜色"，"背景内容"为"白色"，如图 13-31 所示。

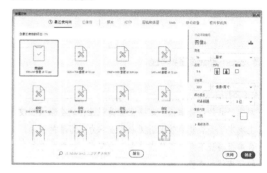

图 13-31 设置各选项

02 单击"创建"按钮，新建一个空白图像。

03 单击"视图"|"新建参考线"命令，弹出"新建参考线"对话框，设置"取向"为"垂直"，"位置"为 0.1厘米，如图13-32所示。

图 13-29 调整文字的位置

图 13-32 设置各选项

04 单击"确定"按钮，即可新建一条垂直参考线，效果如图13-33所示。

图 13-30 最终效果

13.2.2 实战——设计化妆品店铺海报 进阶

本案例是为化妆品网店设计的广告海报。制作化妆产品宣传广告时，一定要表达出化妆品的功能，元素不必多，只在于合理运用，同时通过色彩搭配来强调主题。

下面具体介绍化妆品店铺海报的设计与制作方法。

图 13-33 新建垂直参考线

05 使用同样的方法，分别设置"位置"为8厘米和

149

15.88厘米，创建两条垂直参考线，如图13-34所示。

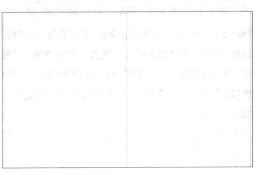

图13-34 新建垂直参考线

专家指点

网店商品的广告海报一定要注重美观性，这在很大程度上决定了是否能有效吸引买家的注意力，好看的商品广告海报会让买家忍不住点进去一看究竟，这能够很好地拉动店铺的流量，提高促进网店成交量。

06 单击"视图"|"新建参考线"命令，弹出"新建参考线"对话框，设置"取向"为"水平"，"位置"为0.1厘米，如图13-35所示。

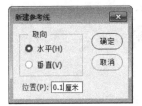

图13-35 设置各选项

07 单击"确定"按钮，即可新建一条水平参考线，效果如图13-36所示。

图13-36 新建水平参考线

08 使用同样的方法，设置"位置"为9.5厘米，创建一条水平参考线，效果如图13-37所示。

图13-37 新建水平参考线

专家指点

参考线主要用于协助对象的对齐和定位操作，它是浮在整个图像上而不能被打印的直线。拖曳参考线时按住【Alt】键，可在垂直和水平参考线之间进行切换。

09 在工具箱中选取渐变工具，在工具属性栏中单击"点按可编辑渐变"色块，调出"渐变编辑器"窗口，设置从白色到蓝色（RGB参数值为7、137、210）渐变色，并设置第一个色标的"位置"为10%，如图13-38所示，单击"确定"按钮。

图13-38 设置各选项

10 在工具属性栏中单击"径向渐变"按钮，如图13-39所示。

11 打开"图层"面板，新建"图层1"图层，将鼠标指针移至图像右侧的合适位置，按住鼠标左键向左下角拖曳鼠标，如图13-40所示。释放鼠标左键，即可填充渐变色，效果如图13-41所示。

图13-39 单击"径向渐变"按钮

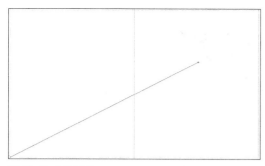

图 13-40 拖曳鼠标

图 13-41 填充渐变色

12 单击"滤镜"|"杂色"|"添加杂色"命令,弹出"添加杂色"对话框,设置"数量"为10%,选中"高斯分布"单选按钮和"单色"复选框,如图13-42所示。

图 13-42 设置各选项

13 单击"确定"按钮,应用"添加杂色"滤镜,效果如图13-43所示。

图 13-43 "添加杂色"滤镜效果

14 单击"滤镜"|"模糊"|"动感模糊"命令,设置"角度"为0°,"距离"为200像素,如图13-44所示。

图 13-44 设置参数

15 单击"确定"按钮,为图像制作出动感模糊效果,如图13-45所示。

图 13-45 制作动感模糊效果

16 选取工具箱中的模糊工具,在工具属性栏中设置画笔笔尖"大小"为150像素,"硬度"为50%,"强度"为100%,在图像中的合适位置进行涂抹,如图13-46所示。

图 13-46 涂抹图像

图 13-49 设置各选项

17 按【Ctrl+O】组合键,打开"图像7.psd"素材图像,并将其拖曳至"图像6"编辑窗口中的合适位置处,并调整大小,效果如图13-47所示。

20 单击"确定"按钮,在选区内从左至右填充线性渐变,按【Ctrl+D】组合键取消选区,效果如图13-50所示。

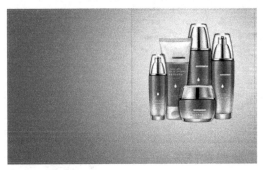

图 13-47 添加素材图像

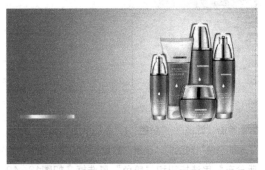

图 13-50 填充渐变

18 选取工具箱中的矩形选框工具,在图像的左侧创建一个大小合适的矩形选区,如图13-48所示。

21 在"图层"面板中选中"图层2",按【Ctrl+J】组合键得到"图层2拷贝"图层,按【Ctrl+T】组合键调出变换控制框,单击鼠标右键,在弹出的快捷菜单中选择"垂直翻转"选项,并对图像的位置进行适当调整,按【Enter】键确认,效果如图13-51所示。

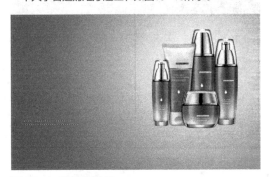

图 13-48 创建矩形选区

图 13-51 调整图像

19 打开"图层"面板,新建"图层3",选取工具箱中的渐变工具,调出"渐变编辑器"窗口,设置从蓝色(RGB参数值为73、179、239)—白色—蓝色—白色的线性渐变,色标"位置"分别为10%、25%、75%、100%,如图13-49所示。

22 将"图层2拷贝"图层移至"图层2"下方,单击"图层"面板底部的"添加图层蒙版"按钮,为"图层2拷贝"图层添加图层蒙版,如图13-52所示。

图 13-52 添加图层蒙版

23 选取工具箱中的渐变工具,设置从黑色到白色的线性渐变,将鼠标指针移至图像的下方,从下至上拖曳鼠标,隐藏部分图像,效果如图13-53所示。

图 13-53 隐藏部分图像

24 选取工具箱中的横排文字工具,打开"字符"面板,设置"字体"为"方正黑体简体","字体大小"为27点,字距为100,"颜色"为白色,在图像编辑窗口中输入字母,效果如图13-54所示。

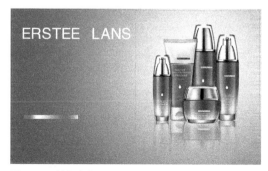

图 13-54 输入文字

25 选取直排文字工具,并打开"字符"面板,设置"字体"为"方正大标宋简体","字体大小"为9点,字距为100,"颜色"为白色,在图像中输入相应的数字和英文词组,再将该文字逆时针旋转180°,选中"360°",设置"大小"为24点,使用移动工具进

行适当的调整,如图13-55所示。

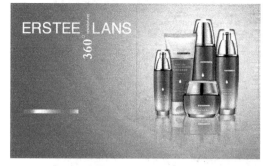

图 13-55 调整文字的位置

26 按【Ctrl+O】组合键,打开"图像8.psd"素材图像,并将其拖曳至"图像6"编辑窗口中的合适位置,最终效果如图13-56所示。

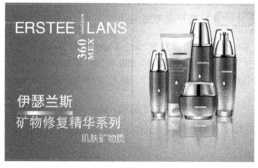

图 13-56 最终效果

13.3 习题

习题1 男鞋产品海报设计

素材位置	素材>第13章>图像9.jpg、图像10jpg、图像11.psd
效果位置	效果>第13章>图像9.jpg、图像9.psd
视频位置	视频>第13章>习题1:男鞋产品海报设计.mp4

　　练习通过裁剪背景图像,再添加商品素材、输入文字来制作男鞋产品店铺海报,素材如图13-57所示,效果如图13-58所示。

图 13-57 素材图像

核心技术篇

图 13-58 最终效果

图 13-59 素材图像

习题2 钻戒产品海报设计

素材位置	素材 > 第 13 章 > 图像 12.jpg、图像 13.psd
效果位置	效果 > 第 13 章 > 图像 12.jpg、图像 12.psd
视频位置	视频 > 第 13 章 > 习题 2：钻戒产品海报设计 .mp4

　　练习通过横排文字工具输入相应文字来制作钻戒产品海报，素材如图13-59所示，效果如图13-60所示。

图 13-60 最终效果

第 14 章 不拘一格的商品详情页设计

商品详情页用于对单个商品的细节进行介绍,在设计的过程中需要注意很多规范,力求用最佳的图像和文字来展示出商品的特点。本章主要介绍商品详情页的设计方法。

扫码观看本章
实战操作视频

课堂学习目标

- 了解商品详情页面的设计要点
- 掌握女包商品详情页面的制作方法
- 掌握展示商品图片的方式
- 掌握智能思维车产品详情页面的制作方法

14.1 了解商品详情页面

商品详情页面用于对商品的使用方法、材质、尺寸、细节等方面进行展示。有的店家为了拉动店铺内其他商品的销售,或者提升店铺的品牌形象,还会在商品详情页面中添加搭配套餐、公司简介等信息,以此来树立商品的形象,提升顾客的购买欲望,如图14-1所示。

图 14-1 商品详情页面

专家指点

服饰、建材、家居、家电类商品的尺寸说明相对于其他类型的商品而言显得格外重要,如图14-2所示。尺寸的描述方式越接近用户认知、描述的内容越全面,越能消除消费者在尺寸方面的疑虑与担忧,同时也能减少由于尺寸问题造成的退换货。

图 14-2 商品尺码信息

通常情况下,商品详情页面的商品描述图的宽度是750像素,高度不限。产品详情页面会直接影响成交转换率,其中的设计内容要根据商品的具体内容来定义。只有图片处理恰当,才能让店铺看起来比较正规和专业,这样对顾客才更有吸引力,这也正是装修商品详情页面时最基本的要求。

14.1.1 设计商品详情页面的要点 **重点**

在网店交易的整个过程中,没有实物、营业员,也不能口述、不能感觉,商品详情页面就要承担起推销一个商品的所有工作。整个推销过程是非常静态的,没有交流、没有互动,顾客在浏览商品的时候也缺乏现场氛围,因此变得相对理性。

商品详情页面在商品细节展示的过程中,只能采用文字、图片和视频等方式,这就要求卖家注意一个关键点——阐述逻辑。图14-3所示为商品详情页面的基本营销思路。在进行商品详情页面设计的过程中会遇到几个问题，如商品的展示类型、细节展示、商品规格及参数的设计等，图片的添加和修饰都是有讲究的。

图14-3 商品详情页面的基本营销思路

14.1.2 展示商品图片的方式 **重点**

顾客购买商品时主要看的就是商品展示部分，在这部分需要让顾客对商品有一个直观的感觉。通常这部分是以图片的形式来展现的，分为摆拍图和场景图两种类型，具体如图14-4所示。

图14-4 摆拍图和场景图

摆拍图能够最直观地表现商品，画面的基本要求是能够把商品如实地展现出来，倾向于平实的路线，有时候这种态度也能打动消费者。实拍的图片通常需要突出主体，用纯色背景，讲究干净、简洁、清晰。

场景图能够在展示商品的同时，在一定程度上烘托商品的氛围，通常需要较高的成本和一定的拍摄技巧，这种拍摄手法适合有一定经济实力、有能力把控产品展现角度的卖家。引入场景后，如果运用得不好，反而会增加图片的无效信息，分散主体的注意力。

总之，不管是通过场景图还是摆拍图来展示商品，最终目的都是想让顾客掌握更多的商品信息。因此在设计图片的时候，首先要注意图片的清晰度，其次是图片颜色的真实度，力求逼真且完美地表现出商品的特性。

14.1.3 展示商品的细节 **重点**

在商品详情页面中，顾客可以对产品有大致的印象，当顾客想要购买商品的时候，商品细节区域的恰当表现就开始起作用了。展现细节是让顾客更加了解这个商品的主要手段，顾客熟悉商品对最后的成交起到关键的作用。细节的展示可通过多种方法来实现，如图14-5所示。

图14-5 细节展示

需要注意的是，细节图只要抓住买家最想要的细节进行展示即可，其他能去掉的就去掉。过多的细节图展示，会让网页因图片过多而需要较长的缓冲时间，容易造成顾客的流失。

14.2 商品详情页面设计实战

商品详情页面是商家向外展示商品的一个重要途径，详情页面的制作要在突出商品的优点、扬长避短的同时，表达中肯的意见与建议。本节将为读者介绍商品详情页面设计的实际操作。

14.2.1 实战——设计女包详情页面 进阶

本案例是为时尚女包网店设计的商品详情页面中的颜色展示部分，采用白色作为底色就是为了衬托商品的颜色，不影响顾客对商品本身颜色的判断，颜色的对此让商品形象凸显，同时搭配相关的文字信息，为顾客呈现出完善的商品视觉效果。

下面具体介绍女包详情页面的设计与制作方法。

素材位置	素材>第14章>图像2.jpg、图像3.jpg、图像4.jpg、图像5.jpg
效果位置	效果>第14章>图像1.psd、图像1.jpg
视频位置	视频>第14章>实战——设计女包详情页面.mp4

01 按【Ctrl + N】组合键，弹出"新建文档"对话框，设置"名称"为"图像1"，"宽度"为750像素，"高度"为800像素，"分辨率"为72像素/英寸，"颜色模式"为"RGB颜色"，"背景内容"为"白色"，如图14-6所示。

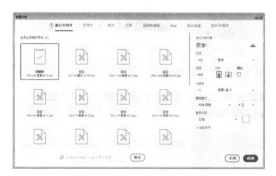

图 14-6 设置各选项

02 单击"创建"按钮，新建一个空白图像。

03 单击"视图"|"新建参考线"命令，弹出"新建参考线"对话框，设置"取向"为"垂直"，"位置"为13.2厘米，如图14-7所示。

图 14-7 设置各选项

04 单击"确定"按钮，即可新建一条垂直参考线，如图14-8所示。

图 14-8 新建垂直参考线

05 单击"视图"|"新建参考线"命令，弹出"新建参考线"对话框，设置"取向"为"水平"，"位置"为5.7厘米，单击"确定"按钮，新建一条水平参考线，如图14-9所示。

图 14-9 新建水平参考线

> **专家指点**
>
> 为了让画面颜色更加鲜艳,图像细节更加清晰,使用Photoshop中的"USM锐化"命令可以增强画面主像素的颜色对比,使图像更加细腻,可弥补拍摄中由于环境和操作不当等因素造成的画质问题,打造出高品质的网店、微店影像效果。

06 用相同的方法,创建一条水平参考线,设置"位置"为16.35厘米,效果如图14-10所示。

图 14-10 新建水平参考线

07 按【Ctrl+O】组合键,打开"图像2.jpg"素材图像,如图14-11所示。

图 14-11 打开素材图像

08 在工具箱中选取移动工具,将"图像2"拖曳至"图像1"编辑窗口中,如图14-12所示。

图 14-12 拖曳图像

09 按【Ctrl+T】组合键,调出变换控制框,调整图像的大小和位置,按【Enter】键确认调整,如图14-13所示。

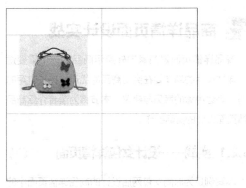

图 14-13 调整图像的大小和位置

> **专家指点**
>
> 在图像中添加边框可以使图像有凝聚感,视觉更集中,更直接地表达主题。使用 Photoshop 可以制作多种样式的边框效果。

10 重复步骤07~09的操作,添加"图像3.jpg""图像4.jpg"和"图像5.jpg"素材图像,并适当调整大小和位置,如图14-14所示。

图 14-14 添加素材图像

11 打开"图层"面板,选择"图层1"和"图层3",如图14-15所示。

图 14-15 选择图层

> **专家指点**
>
> 为设计和处理好的商品图片添加水印可有效防止图片盗用,还能在一定程度上宣传自己的店铺。

⓬ 在工具属性栏中单击"水平居中对齐"按钮,如图14-16所示。

⓭ 选择"图层2"和"图层4"图层,如图14-17所示。

图14-16 单击"水平居中对齐"按钮　　图14-17 选择图层

⓮ 在工具属性栏中单击"水平居中对齐"按钮,效果如图14-18所示。

图14-18 对齐图像

⓯ 在工具箱中选取横排文字工具,设置"字体"为"Times New Roman","字体大小"为42点,"颜色"为黑色,激活"仿粗体"按钮,如图14-19所示。

图14-19 设置各选项

> **专家指点**
>
> 在Photoshop中制作的图片通常都较大,直接存储整张图片并上传到网店、微店中会大大影响网页的打开速度,让顾客产生烦躁的不良情绪,此时可以使用切片工具将图片分成多张切片存储并上传,可以加快图片下载速度。

⓰ 输入英文文字,按【Ctrl+Enter】组合键确认输入,切换至移动工具,根据需要调整文字的位置,效果如图14-20所示。

图14-20 输入文字

⓱ 切换至横排文字工具,设置"字体"为"黑体","字体大小"为25点,"颜色"为黑色,如图14-21所示。

图14-21 设置各选项

⓲ 在英文文字的下方输入文字,按【Ctrl+Enter】组合键确认输入,切换至移动工具,根据需要调整文字的位置,效果如图14-22所示。

图14-22 输入文字

19 切换至横排文字工具,设置"字体"为"Times New Roman","字体大小"为21点,"颜色"为黑色,如图14-23所示。

图14-23 设置各选项

20 在"斜挎包系列"下方输入文字,按【Ctrl+Enter】组合键确认输入,切换至移动工具,根据需要调整文字的位置,效果如图14-24所示。

图14-24 输入文字

21 切换至横排文字工具,设置"字体"为"Times New Roman","字体大小"为21点,"颜色"为黑色,如图14-25所示。

图14-25 设置各选项

22 在第一张素材图像的下方输入文字,并选中相应的文字,单击"字符"面板中的"删除线"按钮添加删除线,如图14-26所示。

图14-26 添加删除线

23 按【Ctrl+Enter】组合键确认输入,并适当调整文字位置,如图14-27所示。

图14-27 调整文字位置

24 选中价格文字图层,按【Ctrl+J】组合键,复制3个文字图层,并修改文字内容,并调整位置,效果如图14-28所示。

图14-28 修改文字内容

25 单击"视图"|"显示"|"参考线"命令,隐藏参考线,效果如图14-29所示。

图 14-29 最终效果

14.2.2 实战——设计智能思维车详情页面 进阶

本案例是为智能思维车网店设计的商品详情页面中的商品特色展示部分,通过对商品进行指示并配以文字说明来展示智能思维车的特点和优势,让顾客能够全方位、清晰地认识到商品的细节特性。

下面具体介绍智能思维车商品详情页面的设计与制作方法。

素材位置	素材>第14章>图像6.jpg、图像7.jpg
效果位置	效果>第14章>图像6.psd、图像6.jpg
视频位置	视频>第14章>实战——设计智能思维车详情页面.mp4

01 按【Ctrl+O】组合键,打开"图像6.jpg"素材图像,如图14-30所示。

图 14-30 打开素材图像

02 在工具箱中选取裁剪工具,在工具属性栏中设置裁剪框的长宽比为750:600,如图14-31所示。执行操作后,图像中会显示相应大小的裁剪框,如图14-32所示。

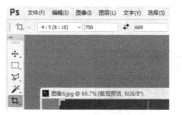

图 14-31 设置裁剪框的长宽比

图 14-32 显示裁剪框

03 移动裁剪控制框,确认裁剪范围,按【Enter】键裁剪图像,如图14-33所示。

图 14-33 裁剪图像

04 单击"滤镜"|"镜头校正"命令,弹出"镜头校正"对话框,切换至"自定"选项卡,在"晕影"选项区中设置"数量"为-50,"中点"为25,如图14-34所示。

图 14-34 设置各选项

05 单击"确定"按钮,即可为图像添加晕影特效,效果如图14-35所示。

图 14-35 添加晕影特效

06 单击"图层"|"新建调整图层"|"照片滤镜"命令,弹出"新建图层"对话框,保持默认设置,单击"确定"按钮,即可新建"照片滤镜1"调整图层,如图14-36所示。

07 打开"属性"面板,设置"滤镜"为"加温滤镜(81)","浓度"为50%,如图14-37所示。

图 14-36 新建调整图层 图 14-37 设置各选项

08 单击"图层"|"新建调整图层"|"自然饱和度"命令,弹出"新建图层"对话框,保持默认设置,单击"确定"按钮,即可新建"自然饱和度1"调整图层,如图14-38所示。

图 14-38 新建调整图层

09 在"属性"面板中设置"自然饱和度"为60,即可加深背景图像的颜色,效果如图14-39所示。

图 14-39 加深背景

10 按【Ctrl+Alt+Shift+E】组合键盖印图层,得到"图层1",如图14-40所示。

11 单击"滤镜"|"模糊"|"动感模糊"命令,弹出"动感模糊"对话框,设置"角度"为-15°,"距离"为10像素,效果如图14-41所示。

图 14-40 盖印图层 图 14-41 设置各选项

12 单击"确定"按钮,即可应用滤镜,效果如图14-42所示。

图 14-42 应用滤镜

13 在"图层"面板中设置"图层1"的混合模式为"柔光",效果如图14-43所示。

图14-43 设置混合模式

14 按【Ctrl+O】组合键,打开"图像7.jpg"素材图像,按【Ctrl+J】组合键,复制一个新图层,并隐藏"背景"图层。

15 在工具箱中选取魔棒工具,在工具属性栏中取消选中"连续"复选框,在图像的背景区域单击,即可创建选区,如图14-44所示。

图14-44 创建选区

16 按【Delete】键,删除选区内的部分,并取消选区。在工具箱中选取移动工具,将"图像7"拖曳至"图像6"编辑窗口中,如图14-45所示。

图14-45 拖曳图像

17 按【Ctrl+T】组合键,调出变换控制框,调整图像的大小和位置,按【Enter】键确认调整,效果如图14-46所示。

图14-46 调整图像大小和位置

18 在"图层"面板下方单击"创建新图层"按钮,新建"图层3"。

19 在工具箱中选取椭圆选框工具,单击前景色色块,设置前景色为绿色(RGB参数值为143、193、61),如图14-47所示。

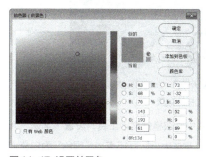

图14-47 设置前景色

20 在背景的合适位置创建一个圆形选区,如图14-48所示。

图14-48 创建圆形选区

21 按【Alt+Delete】组合键填充选区,并按【Ctrl+D】组合键取消选区,效果如图14-49所示。

图 14-49 填充选区

图 14-52 输入文字

22 在"图层"面板中双击"图层3",弹出"图层样式"对话框,选中"描边"复选框,设置描边颜色为白色,单击"确定"按钮,即可为圆形添加描边效果,如图14-50所示。

25 切换至横排文字工具,设置"字体"为"微软雅黑","字体样式"为"Bold","字体大小"为15点,"颜色"为白色,激活"仿粗体"按钮,如图14-53所示。

图 14-50 添加描边效果

图 14-53 设置各选项

23 在工具箱中选取横排文字工具,设置"字体"为"Arial","字体大小"为15点,"颜色"为白色,激活"仿粗体"按钮,如图14-51所示。

26 在圆形右侧输入文字,按【Ctrl+Enter】组合键确认输入,切换至移动工具,根据需要调整文字的位置,如图14-54所示。

图 14-51 设置各选项

图 14-54 输入文字

24 在图形内输入文字,按【Ctrl+Enter】组合键确认输入,切换至移动工具,根据需要调整文字的位置,如图14-52所示。

27 切换至横排文字工具,设置"字体"为"幼圆","字体大小"为11点,"颜色"为白色,激活"仿粗体"按钮,如图14-55所示。

第 14 章　不拘一格的商品详情页设计

图 14-55　设置各选项

28 在商品图像右下方输入文字，按【Ctrl+Enter】组合键确认输入，切换至移动工具，根据需要调整文字的位置，最终效果如图14-56所示。

图 14-56　最终效果

14.3　习题

习题1　抱枕详情页面设计

素材位置	素材 > 第 14 章 > 图像 8.psd、图像 9.jpg、图像 10.jpg、图像 11.psd
效果位置	效果 > 第 14 章 > 图像 8.jpg、图像 8.psd
视频位置	视频 > 第 14 章 > 习题 1：抱枕详情页面设计 .mp4

　　练习通过直线工具绘制多条直线，再添加商品素材、输入文字来制作抱枕详情页面，素材如图14-57所示，效果如图14-58所示。

图 14-57　素材图像

图 14-58　最终效果

习题2　珠宝网店详情页面设计

素材位置	素材 > 第 14 章 > 图像 12.psd、图像 13.psd、图像 14.psd
效果位置	效果 > 第 14 章 > 图像 12.jpg、图像 12.psd
视频位置	视频 > 第 14 章 > 习题 2：珠宝网店详情页面设计 .mp4

　　练习通过添加商品素材，并输入相应文字来制作珠宝网店详情页面，素材如图14-59所示，效果如图14-60所示。

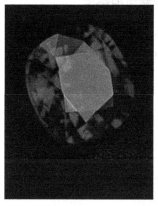

图 14-59　素材图像

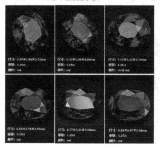

图 14-60　最终效果

第15章 吸引顾客的促销活动设计

在网店设计中随处可见形式多样的促销方案,网店卖家可以使用Photoshop制作促销活动页面,让促销活动信息一目了然,吸引买家注意力。促销方案的设计必须有号召力和艺术感染力,促销方案中的活动信息要简洁鲜明,达到引人注目的视觉效果。本章主要向读者介绍促销方案设计的具体操作。

扫码观看本章
实战操作视频

课堂学习目标

- 了解促销方案的设计要点
- 掌握汽车用品促销方案的制作方法
- 了解促销活动的流程与类别
- 掌握数码产品促销方案的制作方法

15.1 了解店铺促销

商品促销区是店铺非常重要的特色区域,卖家可将一些促销信息或公告信息发布在这个区域上。就像商场的促销一样,如果处理得好,可以最大限度地吸引顾客的目光,让顾客对你的店铺的活动内容一目了然,有特别推荐或优惠的商品。

15.1.1 如何制作商品促销区

店铺的商品促销区包括了基本店铺的公告栏功能,但比公告栏更强大实用。卖家可以通过促销区,将促销商品装饰起来,吸引顾客注意。目前,制作商品促销区的方法主要有3种。

- 通过互联网寻找免费的商品促销模块,下载免费的商品促销模块到本地并进行修改,或者直接在线修改,在模板上添加自己店铺的促销商品信息和公告信息,最后将修改后的模板代码应用到店铺的促销区即可,如图15-1所示。

图15-1 互联网的促销模板

这种模板方便、快捷,而且不用支付费用。但是设计上有所限制,个性化不足。

- 自行设计商品促销方案。卖家先使用图像制作软件设计好商品促销版面,然后进行切片处理并将其保存为网页,通过网页制作软件(如Dreamweaver)制作编排和添加网页特效,最后将网页的代码应用到店铺的商品促销区即可,如图15-2所示。

图15-2 自行设计商品促销方案

这种方法由于是自行设计的,在设计上可以随心所欲,可以按照自己的意向设计出独一无二的商品促销方案。但是对卖家的设计能力要求比较高,需要卖家掌握一定的图像设计和网页制作技能。

- 购买整店装修服务。这种方法是最省力的,卖家从提供淘宝店铺装修的店铺购买整店装修服务,或者只购买商品设计服务。目前,淘宝网上有很多专门提供店铺装修服务和出售店铺装修模板的店铺,如图15-3所示。

第15章 吸引顾客的促销活动设计

图15-3 通过淘宝购买促销模板

就商品促销方案而言，购买一个精美模板通常需要几十元。如果卖家不想使用现成的模板，还可以让这些网店设计一个专属的商品促销模板，不过价格比购买现成模板的价格稍贵。这种方法最省心。

15.1.2 促销方案的设计要点　**重点**

电商的网店运营中有一个工作是必需的——策划促销方案，现在的各大商城网店促销活动随处可见，如图15-4所示。

图15-4 促销活动

卖家要养成定期收集同类优秀店铺的活动设计页面、文案的习惯，这样对自己店铺的策划设计思路会起到很好的帮助和推动作用。

收集时可以按照折扣促销、顾客互动、二次营销等进行分类和归档。收集到10多个后，平时的策划活动制作就会游刃有余了。

设计促销活动的方案是搭建店铺促销活动的基石，但这个基石不是随意堆砌完成的，在策划店铺的整体推广方案时，要明确以下两个理念。

◆ 通过广告引入店铺的人流，按照目的性来画图，一定是一个金字塔形。要起到最好的效果，要考虑到各个心理状态客户的情况，并用具有针对性的活动来满足他们的需求。例如，针对有明确购买意图的客户，设计限时打折促销的特惠活动，买后给好评晒图并分享的返现，或者给一个店铺优惠券等。总之，促销方案的设计都是从客户的需求及心理分析出发的，抓住客户的需求就能设计出好的促销方案。

◆ 如果要提高客户转化率，就不能不考虑80%的普通客户。针对每个客户群设计与之相符的产品，是提高客户转化率、带动销售的重要方式。例如，一家高端品牌的化妆品网店的促销方案，针对高端客户有一个2000元左右的礼盒套餐，针对精英客户有一个限时5折的主打产品促销，针对普通客户有一个1包1元试用装、一个ID限购10个的活动。这样的促销方案设计很全面，照顾到了各类客户，能很好地提高转化率。

15.1.3 促销活动的流程与类别　**重点**

在策划促销活动时，卖家必须先确定促销的目标对象，再选择合适的传播方法，如旺旺消息、签名档、公告、贴吧消息、微信朋友圈等，线下也可以做一些推广，如手机短信、DM单等，这些都是促销信息传播的有效途径。

◆ 确定促销的商品，并备好充足的商品。不同的商品采取不同的促销方案，不同的季节促销不同的商品。促销期间，商品的销售速度会比平时快，因此要准备好充足的商品。如果经常发生缺货问题，不仅影响销售，也会影响客户对网店的好感。

◆ 确定客户人群。促销对象是网店的目标消费群体，一定要针对目标消费群体开展促销信息的传播，只有让目标消费群体了解促销活动，促销才会有成效。

目标对象确定后，卖家才能选择合适的促销方法。促销方案的基本类型如下。

1. 会员、积分促销

会员、积分这种促销方式，可以增加回头客，且可以让老客户得到更多的实惠，在巩固老客户的同时拓展新客户，增强客户对网店的忠诚度。

例如，所有购买某公司产品的顾客都成为某公司的会员，会员不仅可享受购物优惠，还可以累计积分，用积分免费兑换商品，如图15-5所示。

图15-5 会员、积分促销

2. 折扣促销

折扣是目前最常用的一种阶段性促销方式，如图15-6所示。由于折扣促销是直接让利给消费者，能让消费者非常直接地感受到实惠，因此，这种促销方式是比较立竿见影的。

图15-6 折扣促销

（1）直接折扣。

直接折扣就是找个特殊的时间点，进行打折销售。

例如，服装店铺的卖家可以在重要的节日或者利用淘宝网的各类大型活动进行打折促销，因为这样时人们往往会受到浓郁的购物氛围影响，而且折扣力度又比较大，往往容易让买家下手购买。

◆ 优点：符合节日需求，会吸引更多的人前来购买，虽然打折后单件利润下降，但销量提升，总的销售收入不会减少，同时还增加了店内的人气，拥有了更多的客户，对以后的销售也会起到带动作用。

◆ 建议：这种方式的促销效果还取决于商品的价格敏感度。对于价格敏感度不高的商品，往往徒劳无功。同时，由于网上营销的特殊性，直接的折扣销售容易引起顾客的怀疑，所以一定要把握好时间点。

（2）变相折扣。

例如，卖家可以在节假日，采取符合节假日特点的

打包销售，对几件产品进行组合，形成一个合理的礼品包装，进行一定的折扣销售。

◆ 优点：更加人性化，而且折扣比较隐蔽。

◆ 建议：商品的组合有很高的学问，组合得好可以让消费者非常满意，组合不好可能就让消费者怨声载道了。

（3）买赠促销。

买赠促销其实也是一种变相的折价促销方式，更是一种常用且有效的促销方式。例如，购买化妆品套装赠送旅行套装。

◆ 优点：让顾客觉得自己花同样的钱多买了产品。

◆ 建议：买赠促销应用效果的好坏关键在于赠品的选择，一个得当的赠品，会对商品销售起到积极的促进作用，而不适合的赠品不仅增加了成本，减少了利润，客户还不会领情。

3. 赠送样品促销

这种促销方案比较适合保健食品和数码产品，如图15-7所示。由于物流成本原因，目前在网上的应用不算太多，在新产品推出试用、产品更新、对抗竞争品牌、开辟新市场的情况下，利用赠送样品促销，可以达到比较好的促销效果。

图15-7 赠送样品促销

4. 抽奖促销

抽奖促销是一种应用较为广泛的促销方式。一般奖的奖品都是比较有诱惑力的，可以吸引消费者到店，从而促进商品销售，如图15-8所示。

图15-8 抽奖促销

抽奖促销活动应注意以下几点。

◆ 奖品要有诱惑力，可考虑利用大额超值的商品吸引买家参加。

◆ 活动参加方式要简单化，太过复杂和难度太大的活动较难吸引买家的参与。

◆ 抽奖结果的公正公平性。由于网络的虚拟性和参加者的广泛地域性，对抽奖结果的真实性要有一定的保证，并能及时通过E-mail、公告等形式向参加者通告活动进度和结果。

5. 优惠券促销

优惠券是淘宝网上常用的一种促销道具，卖家可以根据各自店铺的不同情况，灵活制定优惠券的赠送规则和使用规则，如图15-9所示。

图 15-9 优惠券促销

这种优惠券可增强店内的人气。由于优惠券有使用时限，可促进客户在短期内再次购买，有效形成客户的忠诚度。

6. 拍卖促销

拍卖是网上吸引人气较为有效的方法。由于"一元拍"在淘宝首页有专门的展示区，进入该区的商品可获得更多的展示机会，淘宝买家也会因为拍卖的物品而进入卖家店内浏览更多的商品，可大大提升商品成交机率，如图15-10所示。

图 15-10 拍卖促销

7. 积极参与淘宝网主办的各种促销活动

淘宝网会不定期地在不同版块举行不同的活动，参与活动的卖家会得到更多的推荐机会，这也是一个提升店铺人气和促进销售的好方法。

要想让更多的人关注到你的店铺，这个机会一定要抓住。卖家要经常到淘宝网的首页、支付页面、公告栏等处关注淘宝网举行的活动，并积极参与。

很多店铺在做促销时，店外宣传也做得很不错，可顾客进店看一眼扭头就走，问题就出在店内氛围没做好这一点上，店内搞促销时仍然冷冷清清，没有促销的公告，没有促销信息的留言，进店感觉不到一点人气和促销的氛围，这样很难留住顾客。

最后，卖家还需要对促销效果进行评估，对促销方案进行修正。一项促销活动不一定是切实可行的，在促销活动执行到一定时间后，卖家需要对活动效果进行评估。

◆ 看浏览量和销售量：浏览量和销售量这些数据需要横向和纵向双方面对比，即用当前浏览量、成交量与历史浏览量、成交量进行对比。

◆ 与同行业竞争对手相比较：与同行业的竞争对手比较浏览量、成交量，双方比较出来的结果能真实地体现出自己店铺促销的效果。

如果促销评估的效果与预期目标有所偏离，就需要查找原因，看是哪一个部分出了问题，并根据出现的问题对促销策略进行修正与完善，制订出新的促销策略。

15.2 店铺促销设计实战

人的创意是无穷无尽的，好的促销方案也是层出不穷的，店铺卖家可以根据自己店铺的情况将一些基本的促销方式加以变化和升华，加强趣味性、新奇性，从而带动销售。

15.2.1 实战——设计汽车用品的促销方案

本案例是为汽车用品店铺设计的买赠促销方案，对画面进行合理的布局，让顾客体会到商家的活动内容和活动所营造的火爆气氛，增强点击率和浏览时间，提高店铺装修的转化率。

下面具体介绍汽车用品促销方案的设计与制作方法。

素材位置	素材 > 第 15 章 > 图像 2.jpg、图像 3.jpg
效果位置	效果 > 第 15 章 > 图像 1.psd、图像 1.jpg
视频位置	视频 > 第 15 章 > 实战——设计汽车用品的促销方案.mp4

01 按【Ctrl+N】组合键，弹出"新建文档"对话框，设置"名称"为"图像1"，"宽度"为790像素，"高度"为516像素，"分辨率"为300像素/英寸，"颜色模式"为"RGB颜色"，"背景内容"为"白色"，如图15-11所示。

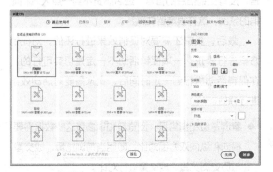

图 15-11 设置各选项

02 单击"创建"按钮，新建一个空白图像。

03 在工具箱中选取矩形工具，在工具属性栏中设置"填充"为蓝色（RGB参数值为27、176、209），如图15-12所示。

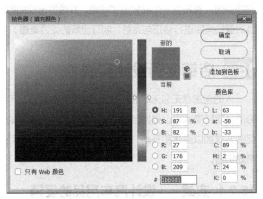

图 15-12 设置填充颜色

04 在合适的位置绘制一个矩形，效果如图 15-13 所示。

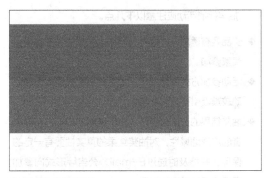

图 15-13 绘制矩形

05 按【Ctrl+O】组合键，打开"图像2.jpg"素材图像，如图15-14所示。

图 15-14 打开素材图像

06 按【Ctrl+J】组合键，复制一个新图层，并隐藏"背景"图层。

07 在工具箱中选取魔棒工具，在工具属性栏中单击"添加到选区"按钮，设置"容差"为10，在图像的背景区域多次单击，即可创建选区，如图15-15所示。

图 15-15 创建选区

08 按【Delete】键删除选区内的部分，并取消选区，效果如图15-16所示。

图 15-16 删除背景

09 在工具箱中选取移动工具,将"图像2"拖曳至"图像1"编辑窗口中,如图15-17所示。

图 15-17 拖曳图像

10 按【Ctrl+T】组合键,调出变换控制框,调整图像的大小和位置,按【Enter】键确认调整,如图15-18所示。

图 15-18 调整图像的大小和位置

11 按【Ctrl+O】组合键,打开"图像3.jpg"素材图像,如图15-19所示。

图 15-19 打开素材图像

12 重复步骤06~10的操作,将"图像3"拖曳至"图像1"编辑窗口中,并调整大小和位置,如图15-20所示。

图 15-20 调整图像的大小和位置

13 按【Ctrl+T】组合键,调出变换控制框,在控制框中单击鼠标右键,在弹出的快捷菜单中选择"透视"选项,如图15-21所示。

图 15-21 选择"透视"选项

14 按住【Shift】键的同时调整图像,按【Enter】键确认调整,如图15-22所示。

图 15-22 调整图像

15 在工具箱中选取横排文字工具,设置"字体"为

"微软雅黑","字体样式"为"Bold","字体大小"为14点,字距为50,"颜色"为白色,如图15-23所示。

图15-23 设置各选项

16 输入文字,按【Ctrl+Enter】组合键确认输入,切换至移动工具,根据需要调整文字的位置,效果如图15-24所示。

图15-24 输入文字

17 切换至横排文字工具,设置"字体"为"微软雅黑","字体样式"为"Bold","字体大小"为9点,字距为50,"颜色"为白色,如图15-25所示。

图15-25 设置各选项

18 输入文字,按【Ctrl+Enter】组合键确认输入,切换至移动工具,根据需要调整文字的位置,效果如图15-26所示。

图15-26 输入文字

19 切换至横排文字工具,设置"字体"为"幼圆","字体大小"为7点,字距为50,"颜色"为白色,激活"仿粗体"按钮,如图15-27所示。

图15-27 设置各选项

20 输入文字,按【Ctrl+Enter】组合键确认输入,切换至移动工具,根据需要调整文字的位置,效果如图15-28所示。

图15-28 输入文字

21 切换至横排文字工具，设置"字体"为"幼圆"，"字体大小"为5点，字距为50，"颜色"为白色，激活"仿粗体"按钮，如图15-29所示。

图15-29 设置各选项

22 输入文字，按【Ctrl+Enter】组合键确认输入，切换至移动工具，根据需要调整文字的位置，效果如图15-30所示。

图15-30 输入文字

23 在工具箱中选取移动工具，在"图层"面板中选中所有的文字图层，如图15-31所示。

图15-31 选中所有的文字图层

24 在工具属性栏中单击"左对齐"按钮，即可对文字图层进行对齐设置，最终效果如图15-32所示。

图15-32 最终效果

15.2.2 实战——设计数码产品的促销方案

本案例是为数码产品设计的促销方案，画面采用左右分栏的方式进行排版，对画面进行合理的分配，让顾客体会到商家的折扣力度，提高店铺装修的转化率。

下面具体介绍数码产品促销方案的设计与制作方法。

素材位置	素材＞第15章＞图像5.jpg、图像6.psd
效果位置	效果＞第15章＞图像4.psd、图像4.jpg
视频位置	视频＞第15章＞实战——设计数码产品的促销方案.mp4

01 按【Ctrl+N】组合键，弹出"新建文档"对话框，设置"名称"为"图像4"，"宽度"为570像素，"高度"为400像素，"分辨率"为300像素/英寸，"颜色模式"为"RGB颜色"，"背景内容"为"白色"，如图15-33所示。

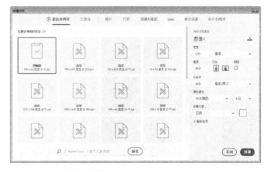

图15-33 设置各选项

02 单击"创建"按钮，新建一个空白图像。

03 单击工具箱底部的前景色色块，弹出"拾色器（前景色）"对话框，设置RGB参数值为227、245、247，如图15-34所示，单击"确定"按钮。

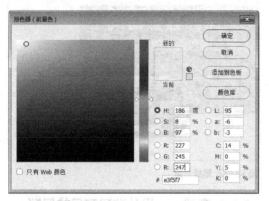

图15-34 设置前景色

04 按【Alt+Delete】组合键，填充背景，如图15-35所示。

图15-35 填充背景

05 按【Ctrl+O】组合键，打开"图像5.jpg"素材图像，如图15-36所示。

图15-36 打开素材图像

06 按【Ctrl+J】组合键，复制一个新图层，并隐藏"背景"图层。

07 在工具箱中选取魔棒工具，在工具属性栏中单击"添加到选区"按钮，设置"容差"为10，选中"连续"复选框，在图像的背景区域单击，即可创建选区，如图15-37所示。

图15-37 创建选区

08 按【Delete】键删除选区内的部分，并取消选区，如图15-38所示。

图15-38 删除背景

09 在工具箱中选取移动工具，将"图像5"拖曳至"图像4"编辑窗口中，如图15-39所示。

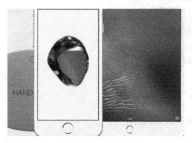

图15-39 拖曳图像

10 按【Ctrl+T】组合键，调出变换控制框，调整图像的大小和位置，按【Enter】键确认调整，如图15-40所示。

像下方的合适位置，效果如图15-43所示。

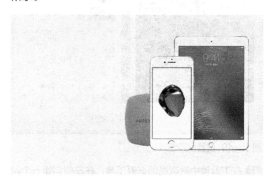

图 15-40 调整图像的大小和位置

11 选择"图层1"，按【Ctrl+J】组合键，复制一个新图层，如图15-41所示。

图 15-41 复制新图层

12 按【Ctrl+T】组合键调出变换控制框，单击鼠标右键，在弹出的快捷菜单中选择"垂直翻转"选项，如图15-42所示。

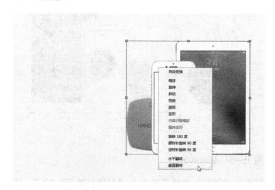

图 15-42 选择"垂直翻转"选项

13 按【Enter】键确认，并将图像移动至"图层1"图

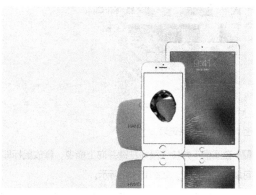

图 15-43 翻转并移动图像

14 在"图层"面板中单击"添加图层蒙版"按钮，为"图层1 拷贝"图层添加图层蒙版，如图15-44所示。

图 15-44 添加图层蒙版

15 按住【Alt】键的同时单击图层蒙版缩览图，进入图层蒙版编辑状态，如图15-45所示。

图 15-45 图层蒙版编辑状态

16 在工具箱中选取渐变工具，在工具属性栏中设置"渐变"为"黑，白渐变"，单击"线性渐变"按钮，如图15-46所示。

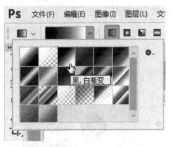

图 15-46 设置各选项

17 在图像下方按住鼠标左键并向上拖曳，释放鼠标即可填充黑白渐变，如图15-47所示。

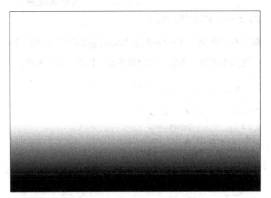

图 15-47 填充黑白渐变

18 按住【Alt】键的同时单击图层蒙版缩览图，退出图层蒙版编辑状态，效果如图15-48所示。

图 15-48 蒙版编辑效果

19 在"图层"面板下方单击"创建新图层"按钮，新建"图层2"。

20 单击工具箱底部的前景色色块，弹出"拾色器（前景色）"对话框，设置RGB参数值为61、75、120，如图15-49所示，单击"确定"按钮。

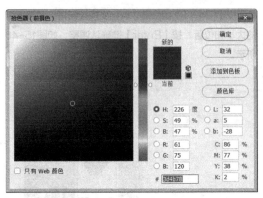

图 15-49 设置前景色

21 在工具箱中选取椭圆选框工具，在左侧创建一个圆形选区，如图15-50所示。

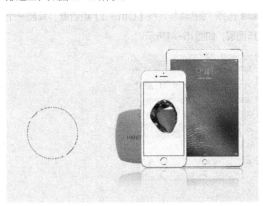

图 15-50 创建圆形选区

22 按【Alt+Delete】组合键填充圆形选区，并取消选区，效果如图15-51所示。

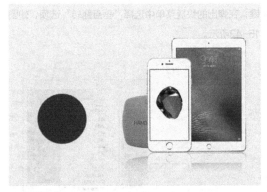

图 15-51 取消选区

23 在"图层"面板下方单击"创建新图层"按钮，新建"图层3"。

24 在工具箱中选取矩形工具，在工具属性栏中设置工具模式为"形状","填充"为前景色,在图像中绘制一个正方形,调整正方形大小并移动至合适位置,效果如图15-52所示。

图 15-52 绘制正方形

㉕ 在工具箱中选取横排文字工具,设置"字体"为"Arial","字体样式"为"Bold","字体大小"为20点,颜色为白色,如图15-53所示。

图 15-53 设置各选项

㉖ 输入数字,按【Ctrl+Enter】组合键确认输入,切换至移动工具,适当调整文字的位置,效果如图15-54所示。

图 15-54 输入数字

㉗ 切换至横排文字工具,在数字"5"右侧的合适位置单击确定插入点,设置"字体"为"微软雅黑","字体大小"为4点,"颜色"为白色,如图15-55所示。

图 15-55 设置各选项

㉘ 输入文字,按【Ctrl+Enter】组合键确认输入,切换至移动工具,根据需要调整文字的位置,效果如图15-56所示。

图 15-56 选中所有的文字图层

㉙ 按【Ctrl+O】组合键,打开"图像6.psd"素材图像,运用移动工具将其拖曳至"图像4"编辑窗口中,最终效果如图15-57所示。

图 15-57 最终效果

15.3 习题

习题1 化妆品套装促销设计

素材位置	素材＞第 15 章＞图像 7.jpg、图像 8.jpg、图像 9.psd
效果位置	效果＞第 15 章＞图像 7.jpg、图像 7.psd
视频位置	视频＞第 15 章＞习题 1：化妆品套装促销设计.mp4

练习通过横排文字工具输入文字，并设置相应的图层样式来制作化妆品套装促销页面，素材如图15-58所示，效果如图15-59所示。

图 15-58 素材图像

图 15-59 最终效果

习题2 双十一大促活动设计

素材位置	素材＞第 15 章＞图像 10.jpg、图像 11.psd、图像 12.psd
效果位置	效果＞第 15 章＞图像 10.jpg、图像 10.psd
视频位置	视频＞第 15 章＞习题 2：双十一大促活动设计.mp4

练习通过横排文字工具输入文字，并设置不同属性样式来制作双十一大促活动页面，素材如图15-60所示，效果如图15-61所示。

图 15-60 素材图像

图 15-61 最终效果

第 16 章 帮助顾客解惑的客服区设计

网店的售后就是帮顾客答疑解惑、提升网店服务质量的有效途径。那么，客服区怎样设计、如何摆放才能提升客户咨询的兴趣呢？
本章主要向读者介绍客服区设计的具体操作。

扫码观看本章
实战操作视频

课堂学习目标
- 了解客服区的设计
- 掌握清爽风格客服区的制作方法
- 了解淘宝评价的作用
- 掌握商品评价条的制作方法

16.1 了解店铺客服

在现今竞争激烈的网络销售市场里，卖家除了要提供优质的商品外，更应该提高服务质量，争取更多的回头客，才能让店铺走得更远、更好。

16.1.1 了解客服区的设计　**重点**

常常有卖家说："为什么有些人来我店里，问了几句就没消息了，不买了呢？"其实，卖东西不但要做好售后服务，还要做好售前服务。

尤其是做网店，买家看不到实物，只能靠图片和文字介绍了解商品，买家心里可能有很多疑问，因而买家咨询客服后得到的答案是否满意，很可能直接决定了他最终是否购买产品。

> **专家指点**
> 在设计网店客服区时，需要注意，网店的客服区对聊天软件的图标尺寸是有具体要求的。
> 以淘宝中的旺旺头像为例，使用单个旺旺图标作为客服的链接，尺寸一般为 16 像素 ×16 像素。

网店的客服与实体店中的销售员功能是一样的，都是为顾客答疑解惑，不同的是，网店的客户是通过聊天软件，如淘宝推出的阿里旺旺、千牛，与顾客进行交流，如图 16-1 所示。

> **专家指点**
> 如果使用添加了"和我联系"或者"手机在线"字样的旺旺图标，图标的尺寸一般为 77 像素 ×19 像素，制作过程中一定要以规范的尺寸来进行创作。

图 16-1 阿里旺旺与千牛客户端聊天界面

例如，在淘宝网中，店铺客服是阿里旺旺软件卖家版提供售前与售后服务，淘宝卖家可以更高效地管理店铺，及时把握商机，更加从容地应对店铺的生意。图 16-2 所示为店铺中的客服区的设计效果示例。

图 16-2 网店客服区示例

客服区会存在于店铺首页的多个区域，如图 16-3 所示。

图 16-3 客服区可以位于多个区域

另外，很多电商平台都会在店铺首页顶端统一定制客服图标。如图16-4所示，将客服区与商品分类放在一起，便于顾客及时掌握更多信息；当页面上下翻动时，淘宝网右侧的浮动客服区，将保持在原位，方便顾客随时联系卖家。

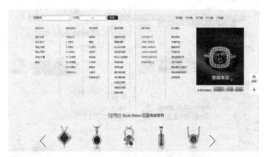

图 16-4 统一定制的客服图标

16.1.2 玩转淘宝评价 **重点**

淘宝评价的作用要上升到一个关乎淘宝店铺生死存亡的高度。对于一个月都不出几单的小店铺来说，一个差评足以致命。

因此，当卖家看到转化率数据有下跌的情况时，应第一时间去检查商品的评价是否出现了问题。然而，这个问题应该如何解决呢？

淘宝评价最重要的无非以下3点：第一点是好评，会吸引更多买家的关注；第二点是差评，应对差评做出解释；第三点是某个商品有差评，是否会关联到其他商品。

买家为什么给商品差评，是因为哪里没做好吗？其一，客服的服务和商品本身的原因令买家不太满意，所以给出了差评。其二，买家有所企图，期望通过给差评得到好处。而大部分的差评出自第一种原因。差评对于卖家来说不一定是坏事，也是有点正面作用的。例如，买家希望店主看到自己的差评后，改善店铺的服务和商品的不足之处，有助于店家继续改善和优化。

16.2 店铺客服区设计实战

为了提示品牌竞争优势，商家必须重点突出"服务"策略，利用各种客服工具不断完善服务质量。而客服是店铺的一种服务形式，利用网络和电商平台提供的聊天软件，给顾客提供解答和售后等服务。

16.2.1 实战——设计清爽风格的客服区 **进阶**

本案例是为某店铺设计的客服区，在设计中使用单色作为主要色调，利用修饰图案来美化文字，加深顾客的记忆，同时给人品质感。

专家指点

背景即使再漂亮，它的作用也只是为了衬托商品。对于太过华丽、颜色与主体不协调的背景，应在后期处理时将其替换。

下面具体介绍清爽风格客服区的设计与制作方法。

素材位置	素材＞第16章＞图像2.psd、图像3.psd、图像4.psd、图像5.psd、图像6.psd
效果位置	效果＞第16章＞图像1.psd、图像1.jpg
视频位置	视频＞第16章＞实战——设计清爽风格客服区.mp4

01 单击"文件"|"新建"命令，弹出"新建文档"对话框，在其中设置"名称"为"图像1"，"宽度"为36.12厘米，"高度"为58.49厘米，"分辨率"为72像素/英寸，"颜色模式"为"RGB颜色"，"背景内容"为"白色"，如图16-5所示。

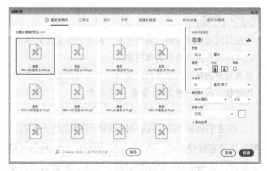

图 16-5 设置各选项

02 单击"创建"按钮，新建一幅空白图像。
03 设置前景色为黑色，如图16-6所示。

图 16-6 设置前景色为黑色

04 按【Alt+Delete】组合键，为背景填充前景色，如图16-7所示。

05 在工具箱中选取矩形选框工具，在工具属性栏中设置"样式"为固定比例，"宽度"为14.89，"高度"为54.68，如图16-8所示。

图 16-7 填充前景色

图 16-8 设置各选项

06 设置前景色为白色，如图16-9所示。

图 16-9 设置前景色为白色

07 在图像中的适当位置绘制一个矩形选框，如图16-10所示。

08 按【Alt+Delete】组合键填充前景色，并取消选区，如图16-11所示。

图 16-10 绘制矩形选框　　图 16-11 填充前景色

09 在工具箱中选取横排文字工具，在工具属性栏中设置"消除锯齿的方法"为"浑厚"，在"字符"面板中设置"字体"为"微软雅黑"，"字体大小"为60点，"颜色"为灰色（RGB各项参数值均为89），激活"仿粗体"按钮，如图16-12所示。

图 16-12 设置各选项

10 在图像中单击确定插入点，并输入文字，按【Ctrl+Enter】组合键确认输入。选取工具箱中的移动工具，将文字移动至合适的位置，如图16-13所示。

图 16-13 输入文字

⑪ 按【Ctrl+O】组合键，打开"图像2.psd"素材图像，选取工具箱中的移动工具，将素材图像移动至"图像1"编辑窗口中合适位置，如图16-14所示。

图 16-14 添加素材图像

⑫ 按【Ctrl+O】组合键，打开"图像3.psd"素材图像，使用移动工具将素材图像移动至"图像1"编辑窗口中，如图16-15 所示。

图 16-15 添加素材图像

⑬ 按【Ctrl+O】组合键，打开"图像4.psd"素材图像，使用移动工具将素材图像移动至"图像1"编辑窗口中，如图16-16所示。

图 16-16 添加素材图像

⑭ 在工具箱中选取横排文字工具，在"字符"面板中设置"字体"为"微软雅黑"，"字体大小"为30点，"颜色"为红色（RGB参数值为255、0、0），激活"仿粗体"按钮，如图16-17所示。

图 16-17 设置各选项

⑮ 输入文字，按【Ctrl+Enter】组合键确认输入。选取工具箱中的移动工具，将文字移动至合适的位置，如图16-18所示。

图 16-18 输入文字

⑯ 选取工具箱中的横排文字工具，在"字符"面板中设置"字体"为"微软雅黑"，"字体大小"为25点，"颜色"为灰色（RGB各项参数值均为89），激活"仿粗体"按钮，如图16-19所示。

图 16-19 设置各选项

⑰ 在图像中按住鼠标左键并拖曳，创建一个文本框，如图16-20所示。

图 16-20 创建文本框

⑱ 输入文字，按【Ctrl+Enter】组合键确认输入。选取工具箱中的移动工具，将文字移动至合适的位置，如图16-21所示。

图 16-21 输入文字

⑲ 按【Ctrl+O】组合键，打开"图像5.psd"素材图像，使用移动工具将素材图像移动至"图像1"编辑窗口中，如图16-22所示。

图 16-22 添加素材图像

⑳ 按【Ctrl+O】组合键，打开"图像 6.psd"素材图像，使用移动工具将素材图像移动至"图像1"编辑窗口中，如图16-23所示，最终效果如图16-24所示。

图 16-23 添加素材图像

图 16-24 最终效果

16.2.2 实战——设计商品评价条 进阶

很多网店卖家发货的时候会在商品包装里放上一张评价条，让顾客为自己的商品打分。

下面介绍商品评价条的设计与制作方法。

素材位置	素材 > 第 16 章 > 图像 7.psd、图像 8.psd、图像 9.psd、图像 10.psd
效果位置	效果 > 第 16 章 > 图像 7.psd、图像 7.jpg
视频位置	视频 > 第 16 章 > 实战——设计商品评价条 .mp4

⓵ 按【Ctrl + O】组合键，打开"图像 7.psd"素材图像，如图 16-25 所示。

图 16-25 打开素材图像

⓶ 在工具箱中选取矩形工具，在"属性"面板中设置"填充"为无，"描边颜色"为蓝色（RGB参数值为6、94、204），"描边宽度"为2点，如图16-26所示。

图 16-26 设置各选项

03 在图像中的适当位置绘制一个矩形,如图16-27所示。

图 16-27 绘制矩形

04 在工具箱中选取圆角矩形工具,在"属性"面板中设置"填充"为蓝色(RGB参数值为6、94、204),"描边颜色"为蓝色(RGB参数值为6、94、204),"描边宽度"为2点,如图16-28所示。

图 16-28 设置各选项

05 在图像中绘制一个圆角矩形,如图16-29所示。

图 16-29 绘制圆角矩形形状

06 选取工具箱中的横排文字工具,在工具属性栏中设置"消除锯齿的方法"为"犀利",在"字符"面板中设置"字体"为"黑体","字体大小"为60点,"颜色"为白色,激活"仿粗体"按钮,如图16-30所示。

图 16-30 设置各选项

07 在图像编辑窗口中单击并输入文字,按【Ctrl+Enter】组合键确认输入。选取工具箱中的移动工具,将文字移动至合适的位置,如图16-31所示。

图 16-31 输入文字

08 选择文字"5",在"字符"面板中设置"字体"为"华文新魏","颜色"为黄色(RGB参数值为251、237、79),激活"仿粗体"按钮,如图16-32所示,改变文字颜色,效果如图16-33所示。

图 16-32 设置各选项

图 16-33 改变文字颜色

09 在"图层"面板中双击文字图层,弹出"图层样式"对话框,选中"描边"复选框,设置"大小"为4像素,"颜色"为蓝色(RGB参数值为6、94、204),如图16-34所示。

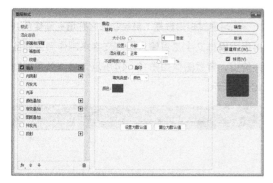

图 16-34 设置参数

10 在"图层样式"对话框中选中"投影"复选框,设置"距离"为4像素,"扩展"为0,"大小"为4像素,如图16-35所示。

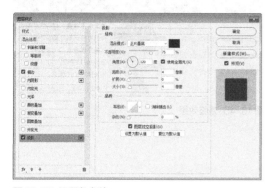

图 16-35 设置各参数

11 设置完成后,单击"确定"按钮,即可应用图层样式,效果如图16-36所示。

图 16-36 应用图层样式

12 选取工具箱中的横排文字工具,在"字符"面板中设置"字体"为"新宋体","字体大小"为16点,"颜色"为白色,激活"仿粗体"按钮,如图16-37所示。

图 16-37 设置各选项

13 在图像中单击并输入文字,按【Ctrl+Enter】组合键确认输入,选取工具箱中的移动工具,将文字移动至合适的位置,如图16-38所示。

14 按【Ctrl+O】组合键,打开"图像8.psd"素材图像,使用移动工具将素材图像移动至评价条图像中的合适位置,如图16-39所示。

图 16-38 输入文字

图 16-39 添加素材图像

15 按【Ctrl+O】组合键,打开"图像9.psd"素材图像,使用移动工具将素材图像移动至评价条图像编辑窗口中,如图16-40所示。

图 16-40 添加素材图像

16 按【Ctrl+O】组合键,打开"图像 10.psd"素材图像,使用移动工具将素材图像移动至评价条图像编辑窗口中,如图16-41所示。

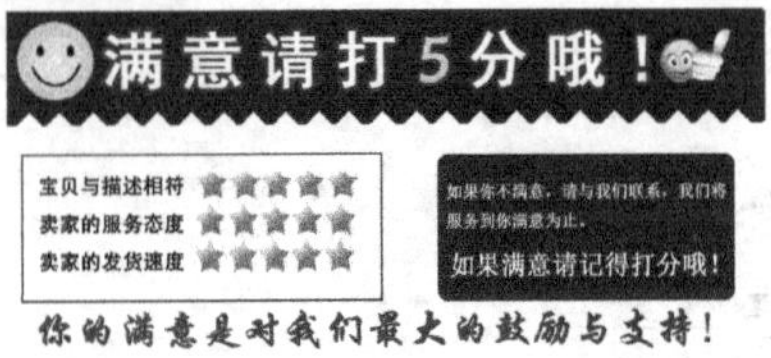

核心技术篇

图 16-41 添加素材图像

16.3 习题

习题1 客服中心模块设计

素材位置	素材 > 第 16 章 > 图像 11.jpg、图像 12.psd、图像 13.psd
效果位置	效果 > 第 16 章 > 图像 11.jpg、图像 11.psd
视频位置	视频 > 第 16 章 > 习题 1：客服中心模块设计 .mp4

练习通过将商品图片与店铺客服区组合制作客服中心模块，素材如图16-42所示，最终效果如图16-43所示。

图 16-42 素材图像

图 16-43 最终效果

习题2 淘宝商品评价页设计

素材位置	素材 > 第 16 章 > 图像 14.psd、图像 15.psd
效果位置	效果 > 第 16 章 > 图像 14.jpg、图像 14.psd
视频位置	视频 > 第 16 章 > 习题 2：淘宝商品评价页设计 .mp4

练习通过矩形选框工具绘制选区并填充渐变色，再运用横排文字工具输入相应文字来制作淘宝商品评价页，背景图像如图16-44所示，最终效果如图16-45所示。

图 16-44 背景图像

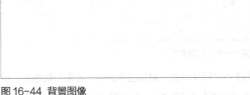

图 16-45 最终效果

综合实战篇

第 17 章 家居店铺装修设计

家居行业是与我们的生活息息相关的一个行业，在淘宝和天猫的店铺中，家居网店一直是一个热门。

本章将为读者介绍家居店铺装修设计的具体流程和操作步骤。

课堂学习目标

- 掌握家居店铺导航和店招效果的制作方法
- 掌握家居店铺单品简介区效果的制作方法
- 掌握家居店铺首页欢迎模块效果的制作方法
- 掌握家居店铺广告海报区效果的制作方法

扫码观看本章实战操作视频

17.1 了解家居店铺设计布局与配色

家居商品是淘宝、天猫平台上的热门销售商品，本案例将对家居店铺的设计进行分析和讲解。

1. 布局策划解析

本例是为家居店铺设计的首页，设计中使用倾斜的对象来营造出动态的感觉，具体的制作思路如下。

◆ 欢迎模块：欢迎模块中使用商品图片、场景图片与标题文字组合的方式来表现，其中商品图片和标题文字各占据画面的1/2，形成自然的对称效果，平衡了画面的信息表现力。

◆ 单品简介区：单个商品区域使用菱形进行分割和布局，并错落有致地放置了商品图片和介绍文字，给人节奏感和韵律感。

◆ 广告海报区：广告海报区域使用商品图片与文字结合的方式进行表现，并使用径向渐变来突出表现出文字和商品，能够完整地表现出商品的特点和形象。

◆ 服务信息区：信息区域使用3个大小相同的圆形等距排列的方式来表现，有助于信息的分类，对顾客的浏览体验也会有所提升。

2. 主色调

本例在色彩设计中使用了大量的棕色，包括店铺背景、修饰的形状和文字等，以蓝色为配色，让整个画面显得通透而明亮，给人一种阳光、轻松的感觉，符合家居生活用品的特点和形象。

● 页面背景配色：冷色调。

R49，G49，B49；C79，M74，Y72，K4
R170，G153，B137；C40，M40，Y44，K0
R211，G195，B169；C22，M24，Y34，K0
R234，G230，B210；C9，M10，Y20，K0
R235，G235，B229；C10，M7，Y11，K0

● 商品图像配色：补色。

R115，G215，B39；C57，M0，Y93，K0
R133，G193，B243；C50，M15，Y0，K0
R84，G234，B248；C54，M0，Y15，K0
R255，G119，B0；C0，M66，Y92，K0
R197，G11，B26；C37，M100，Y100，K3

17.2 家居店铺装修实战

本节介绍家居生活用品店铺装修的操作过程，主要可以分为制作店铺导航和店招、首页欢迎模块、单品简介区、广告海报、服务信息区等几部分。本案例的最终效果如图17-1所示。

综合实战篇

图 17-1 案例效果

素材位置	素材＞第 17 章＞图像 1.jpg、图像 2.jpg、图像 3.psd、图像 4.jpg、图像 5.jpg、图像 6.psd、图像 7.psd、图像 8.psd、图像 9.psd、图像 10.psd、图像 11.jpg、图像 12.psd、图像 13.psd
效果位置	效果＞第 17 章＞家居店铺装修设计 .jpg、家居店铺装修设计 .psd
视频位置	视频＞第 17 章＞家居店铺装修设计 .mp4

17.2.1 导航和店招效果的制作

下面为读者介绍家居店铺导航和店招的制作。

01 单击"文件"|"新建"命令，弹出"新建文档"对话框，设置"名称"为"家居店铺装修设计"，"宽度"为1440像素，"高度"为3200像素，"分辨率"为300像素/英寸，"颜色模式"为"RGB颜色"，"背景内容"为"白色"，如图17-2所示。单击"创建"按钮，新建一幅空白图像。

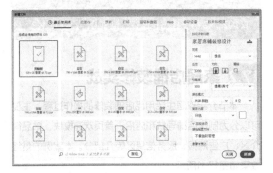

图 17-2 新建图像文件

02 打开"图像1.jpg"素材图像，运用移动工具将其拖曳至背景图像编辑窗口中的顶部，如图17-3所示。

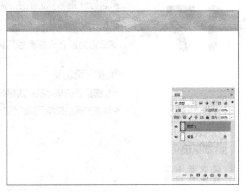

图 17-3 添加底纹素材

03 运用矩形选框工具创建一个矩形选区，如图17-4所示。

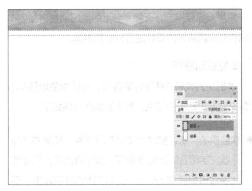

图 17-4 创建矩形选区

04 设置前景色为深褐色（RGB参数值为56、29、22），按【Alt + Delete】组合键，为选区填充前景色，如图17-5所示。

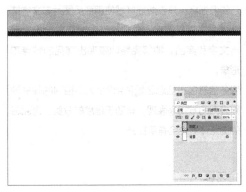

图 17-5 为选区填充前景色

05 取消选区，选取工具箱中的横排文字工具，输入相应文字，设置"字体"为"黑体"，"字体大小"为5.3点，"颜色"为白色，如图17-6所示。

图17-6 输入并设置文字

06 选择文字"首页"，在"字符"面板中设置"颜色"为黄色（RGB参数值为255、243、4），如图17-7所示。

图17-7 设置文字颜色

07 打开"图像2.jpg"素材图像，使用移动工具将素材图像拖曳至背景图像编辑窗口中的。选取魔棒工具，在工具属性栏中设置"容差"为10，在白色背景上创建选区，如图17-8所示。

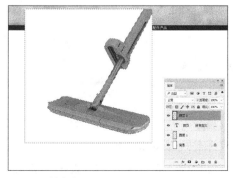

图17-8 创建选区

08 按【Delete】键删除选区内的图像，取消选区，将商品图片调整至右上方，并调整大小，如图17-9所示。

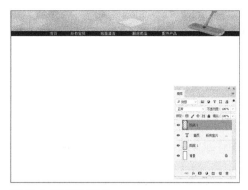

图17-9 调整素材图像

09 运用横排文字工具输入相应文字，设置"字体"为"黑体"，"字体大小"为6点，"行距"为6点，"颜色"为黑色，激活"仿粗体"按钮，如图17-10所示。

图17-10 输入文字

10 选择相应文字，在"字符"面板中设置"颜色"为红色（RGB参数值为188、1、14），如图17-11所示。

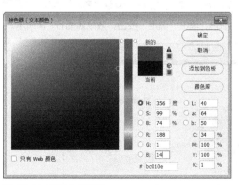

图17-11 设置文字颜色

11 打开"图像3.psd"素材图像,使用移动工具将素材图像拖曳至背景图像编辑窗口的左上方,如图17-12所示。

图 17-12 添加店铺 Logo 素材

17.2.2 首页欢迎模块效果的制作

下面为读者介绍家居店铺首页欢迎模块的制作。

01 单击"文件"|"打开"命令,打开"图像4.jpg"素材图像,使用移动工具将素材图像拖曳至背景图像中的主体位置,如图17-13所示。

图 17-13 添加背景素材图像

02 单击"图像"|"调整"|"亮度/对比度"命令,弹出"亮度/对比度"对话框,设置"亮度"为8,"对比度"为58,单击"确定"按钮,效果如图17-14所示。

图 17-14 调整亮度/对比度

03 适当调整素材图像的大小和位置,效果如图17-15所示。

04 打开"图像5.jpg"素材图像,使用移动工具将素材图像拖曳至背景图像编辑窗口中,选取魔棒工具,在工具属性栏中设置"容差"为5,在白色背景上创建选区,如图17-16所示。

图 17-15 调整素材图像大小

图 17-16 添加商品素材图像并创建选区

05 按【Delete】键删除选区内的图像,取消选区,将商品图片调整至合适大小和位置,如图17-17所示。

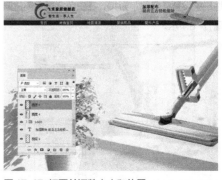

图 17-17 抠图并调整大小和位置

06 运用横排文字工具输入相应文字,设置"字体"为

"方正大黑简体"，"字体大小"为30点，字距为100，"颜色"为黑色，如图17-18所示。

图 17-18 输入文字

07 为文字图层添加"渐变叠加"图层样式，并设置"渐变"为"橙、黄、橙渐变"，效果如图17-19所示。

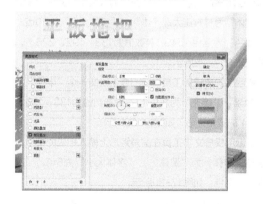

图 17-19 添加"渐变叠加"图层样式

08 复制文字图层，垂直翻转并调整位置，效果如图17-20所示。

图 17-20 垂直翻转文字

09 为复制的文字图层添加图层蒙版，并运用黑白渐变色填充蒙版，制作文字倒影效果，如图17-21所示。

图 17-21 制作倒影效果

10 打开"图像6.psd"素材图像，使用移动工具将素材图像拖曳至背景图像编辑窗口中的合适位置处，效果如图17-22所示。

图 17-22 添加文字素材

17.2.3 单品简介区效果的制作

下面为读者介绍家居店铺商品单品简介区的效果制作。

01 新建"图层6"，创建一个矩形选区，如图17-23所示。

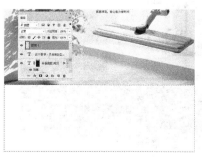

图 17-23 创建矩形选区

02 单击"选择"|"变换选区"命令，调出变换控制框，如图17-24所示。

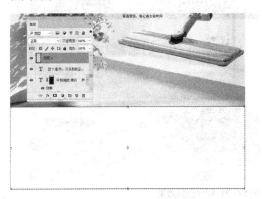

图 17-24 调出变换控制框

03 在变换控制框中单击鼠标右键，在弹出的快捷菜单中选择"斜切"选项，适当调整选区的形状，如图17-25所示，确认变换操作。

图 17-25 变换选区

04 设置前景色为深灰色（RGB各项参数值均为49），按【Alt+Delete】组合键，为选区填充前景色，并取消选区，如图17-26所示。

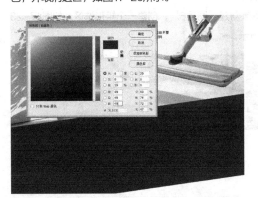

图 17-26 为选区填充前景色

05 打开"图像7.psd"素材图像，使用移动工具将素材图像拖曳至背景图像编辑窗口中的合适位置处，并调整大小，效果如图17-27所示。

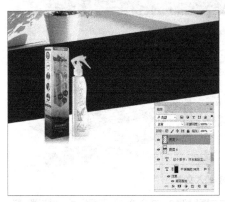

图 17-27 添加商品图片

06 运用横排文字工具在图像中输入相应的文字，设置"字体"为"方正大黑简体"，"字体大小"为20点，"颜色"为蓝色（RGB参数值为133、192、226），效果如图17-28所示。

07 运用圆角矩形工具，在图像上绘制一个"半径"为10像素、"填充"为灰色（RGB参数值为133、136、145）的圆角矩形，如图17-29所示。

08 运用横排文字工具在圆角矩形上输入相应的文字，设置"字体"为"黑体"，"字体大小"为5点，"颜色"为白色，如图17-30所示。

图 17-28 输入文字

图 17-29 绘制圆角矩形

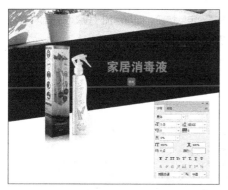

图 17-30 输入文字

09 复制圆角矩形和文字，调整至合适位置，并修改其中的文字内容，效果如图17-31所示。

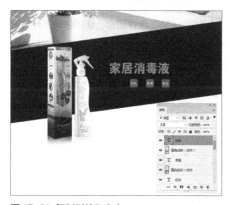

图 17-31 复制形状和文字

10 打开"图像8.psd"素材图像，使用移动工具将素材图像拖曳至背景图像编辑窗口中的合适位置处，并适当调整各图像位置，效果如图17-32所示。

图 17-32 添加文字素材

17.2.4 广告海报区效果的制作

下面为读者介绍家居店铺广告海报区的效果制作。

01 打开"图像9.psd"素材图像，使用移动工具将素材图像拖曳至背景图像编辑窗口中的合适位置处，如图17-33所示。

图 17-33 添加优惠券素材

02 新建"图层9"，运用矩形选框工具创建一个矩形选区，如图17-34所示。

图 17-34 创建矩形选区

03 运用渐变工具为选区填充白色到棕色（RGB参数值为170、153、137）的径向渐变，效果如图17-35所示。

图 17-35 填充径向渐变

04 按【Ctrl+D】组合键取消选区,如图 17-36 所示。

05 打开"图像10.psd"素材图像,使用移动工具将素材图像拖曳至背景图像编辑窗口中的合适位置处,如图 17-37 所示。

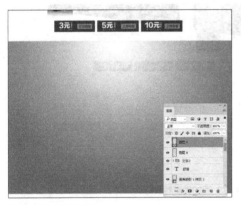

图 17-36 取消选区

图 17-37 添加商品图像

06 双击素材图像所在图层,弹出"图层样式"对话框,选中"投影"复选框,设置"不透明度"为30%,"角度"为80°,"距离"为30像素,"扩展"为

5%,"大小"为5像素,如图17-38所示。

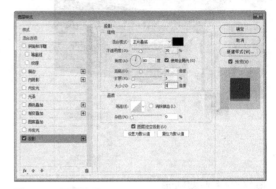

图 17-38 设置选项

07 单击"确定"按钮,即可添加"投影"图层样式,效果如图17-39所示。

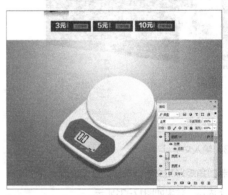

图 17-39 添加"投影"图层样式

08 打开"图像11.jpg"素材图像,使用移动工具将素材图像拖曳至背景图像编辑窗口中,并适当调整其大小,如图17-40所示。

图 17-40 添加商品图片

09 为"图层11"添加图层蒙版,并运用黑色的画笔工具涂抹图像,隐藏白色背景部分,图像效果如图17-41所示。

图 17-41 隐藏部分图像

⑩ 打开"图像12.psd"素材图像,使用移动工具将素材图像拖曳至背景图像编辑窗口中的合适位置处,如图 17-42 所示。

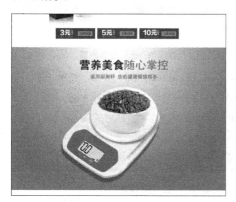

图 17-42 添加文字素材

17.2.5 服务信息区效果的制作

下面为读者介绍家居店铺服务区的效果制作。

⓪❶ 打开"图像1.jpg"素材图像,使用移动工具将素材图像拖曳至背景图像编辑窗口中的合适位置处,如图 17-43 所示。

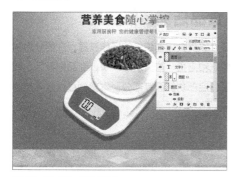

图 17-43 添加底纹素材

⓪❷ 按【Ctrl+T】组合键,调出变换控制框,适当调整底纹图像的大小并确认,效果如图 17-44 所示。

⓪❸ 打开"图层"面板,将"图层12"的"不透明度"设置为60%,效果如图 17-45 所示。

图 17-44 调整图像大小

图 17-45 调整不透明度

⓪❹ 打开"图像13.psd"素材图像,使用移动工具将素材图像拖曳至背景图像编辑窗口的下方,如图 17-46 所示。

图 17-46 添加素材图像

第 18 章 食品店铺装修设计

"民以食为天",美食行业是与我们生活密切相连的一个行业。在淘宝和天猫的众多店铺中,食品店铺一直是一个热门。

本章将为读者介绍食品店铺装修设计的具体流程和操作步骤。

课堂学习目标

- 掌握食品店铺导航和店招效果的制作方法
- 掌握食品店铺商品推荐区效果的制作方法
- 掌握食品店铺首页欢迎模块效果的制作方法
- 掌握食品店铺商品展示区效果的制作方法

扫码观看本章
实战操作视频

18.1 了解食品店铺设计布局与配色

美食商品是淘宝、天猫网上的热门销售商品,本案例将对美食网店的设计进行分析和讲解。

1. 布局策划解析

本例是为零食店铺设计的首页装修效果,在设计中使用了淡黄色作为背景色调,搭配蓝色欢迎模块和颜色绚丽的商品,让色彩的风格形成碰撞的感觉,具体的制作思路如下。

- ◆ 欢迎模块:欢迎模块使用天蓝色加商品图片作为背景,搭配多组文字信息,错落有致的文字编排及适当的留白增加了版式的艺术感,也为顾客留下了想象的空间。

- ◆ 商品推荐区:该区域包含了多根线条,线条对画面进行了分割,让顾客的视线能够随着线条进行移动,在线条的间隙中放置商品和标题文字,给人一种节奏感和韵律感。

- ◆ 商品展示区:该区域包含了4种不同的商品,虽然都是以正方形作为展示的外形,但使用色彩和谐的标签对商品的名称和价格进行填充,使版式布局活泼、可爱,与商品精致、俏皮的形象一致。

- ◆ 底部功能区:该区域使用圆形对画面进行分割和布局,让画面充满设计感,且让顾客对各按钮功能一目了然。

2. 主色调:低纯度黄色色调

本案例的色彩设计使用了低纯度的黄色系作为网页的背景色,用高明度的色彩作为商品的颜色,两者之间存在很大的差异,这样的差异让商品更突出,显得琳琅满目,对商品的推广有着推动作用。此外,商品价格标签中使用的红色系与商品颜色相近,避免颜色过多而造成杂乱感。

- 页面背景及设计元素配色:低纯度黄色系。

R240, G216, B168; C9, M18, Y38, K0
R251, G196, B18; C6, M29, Y89, K0
R249, G158, B79; C2, M50, Y70, K0
R210, G185, B57; C25, M34, Y84, K0
R214, G130, B40; C21, M58, Y90, K0

- 商品及商品背景配色:高明度颜色。

R115, G197, B255; C53, M12, Y0, K0
R254, G165, B187; C0, M49, Y12, K0
R250, G75, B118; C0, M83, Y33, K0
R198, G28, B55; C28, M98, Y79, K0
R253, G241, B69; C8, M3, Y77, K0

18.2 食品店铺装修实战

本节介绍美食店铺装修的操作过程,主要分为制作店铺导航和店招、首页欢迎模块、商品推荐区、商品展示区、底部功能区等部分。本案例最终效果如图18-1所示。

第 18 章 食品店铺装修设计

图 18-1 案例效果

素材位置	素材 > 第 18 章 > 图像 1.psd、图像 2.jpg、图像 3.jpg、图像 4.psd、图像 5.psd、图像 6.psd、图像 7.psd、图像 8.psd、图像 9.psd、图像 10.psd、图像 11.psd
效果位置	效果 > 第 18 章 > 食品店铺装修设计 .jpg、食品店铺装修设计 .psd
视频位置	视频 > 第 18 章 > 食品店铺装修设计 .mp4

18.2.1 导航和店招效果的制作

下面为读者介绍食品店铺导航和店招的制作。

01 单击"文件"|"新建"命令,弹出"新建文档"对话框,设置"名称"为"食品店铺装修设计","宽度"为1440像素,"高度"为3200像素,"分辨率"为300像素/英寸,"颜色模式"为"RGB颜色","背景内容"为"白色",如图18-2所示。单击"创建"按钮,新建一幅空白图像。

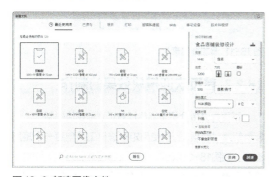

图 18-2 新建图像文件

02 设置前景色为淡黄色(RGB参数值为240、216、168),按【Alt+Delete】组合键,为"背景"图层填充前景色,如图18-3所示。

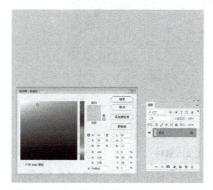

图 18-3 填充"背景"图层

03 新建"图层1",使用矩形选框工具创建一个矩形选区,如图18-4所示。

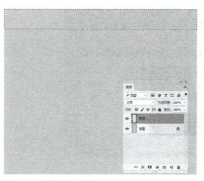

图 18-4 创建矩形选区

04 设置前景色为红色(RGB参数值为250、75、118),为选区填充颜色,并取消选区,如图18-5所示。

图 18-5 填充选区

05 打开"图像1.psd"素材图像,使用移动工具将素

197

材图像拖曳至背景图像编辑窗口中的合适位置处，如图18-6所示。

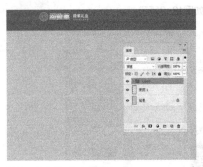

图 18-6 添加 Logo 素材

06 选取工具箱中的直线工具，设置前景色为粉红色（RGB参数值为254、165、187），"粗细"为2像素，在图像中绘制一条直线，效果如图18-7所示。

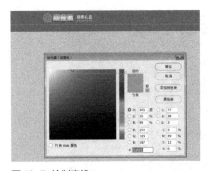

图 18-7 绘制直线

07 运用横排文字工具输入导航文字，设置"字体"为"黑体"，"字体大小"为4.5点，"颜色"为白色，激活"仿粗体"按钮，效果如图18-8所示。

图 18-8 输入导航文字

08 选取工具箱中的矩形工具，设置前景色为白色，在图像中绘制一个矩形，效果如图18-9所示。

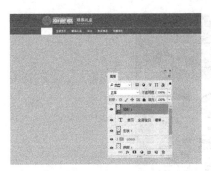

图 18-9 绘制矩形形状

09 将矩形图层下移一层，并在"字符"面板中将"首页"文字的"颜色"设置为红色（RGB参数值为250、75、118），效果如图18-10所示。

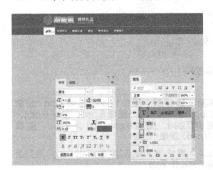

图 18-10 修改文字颜色

10 打开"图像2.jpg"素材图像，使用移动工具将素材图像拖曳至背景图像编辑窗口中的合适位置处，效果如图18-11所示。

图 18-11 添加商品素材

18.2.2 首页欢迎模块效果的制作

下面为读者介绍食品店铺首页欢迎模块的制作。

01 新建"图层3"，使用矩形选框工具创建一个矩形选区，如图18-12所示。

02 设置前景色为蓝色（RGB参数值为115、197、

255),为选区填充颜色,并取消选区,如图18-13所示。

图 18-12 创建矩形选区

图 18-13 填充并取消选区

03 设置前景色为白色,选取工具箱中的自定形状工具,设置"形状"为"云彩1",在蓝色背景上绘制多个云彩形状,效果如图18-14所示。

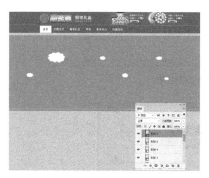

图 18-14 绘制多个云彩形状

04 创建"云彩"图层组,将所绘制的云彩形状图层拖曳到其中,并修改相应图层的不透明度,效果如图18-15所示。

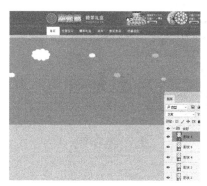

图 18-15 管理云彩图层

05 打开"图像3.jpg"素材图像,使用移动工具将素材图像拖曳至背景图像编辑窗口中的合适位置处,如图18-16所示。

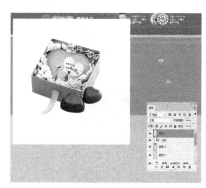

图 18-16 添加商品素材

06 使用魔棒工具在商品图像的白色背景上创建选区,按【Delete】键删除选区内的图像,并取消选区,如图18-17所示。

图 18-17 抠图

07 打开"图像4.psd"素材图像,使用移动工具将素材图像拖曳至背景图像编辑窗口中的合适位置处,如图18-18所示。

图 18-18 添加装饰素材

08 运用横排文字工具在图像上输入相应文字，设置"字体"为"方正粗宋简体"，"字体大小"为16点，"颜色"为黄色（RGB参数值为253、241、69），效果如图18-19所示。

图 18-19 输入文字

09 为文字图层添加"投影"图层样式，设置"距离"为1像素，"大小"为1像素，效果如图18-20所示。

图 18-20 添加"投影"图层样式

18.2.3 商品推荐区效果的制作

下面为读者介绍食品店铺商品推荐区的制作。

01 设置前景色为白色，运用圆角矩形工具绘制一个白色的圆角矩形，设置属性选项，如图18-21所示。

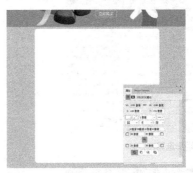

图 18-21 绘制圆角矩形

02 打开"图像5.psd"素材图像，使用移动工具将素材图像拖曳至背景图像编辑窗口中的合适位置处，如图18-22所示。

03 选取工具箱中的渐变工具，打开"渐变编辑器"窗口，设置渐变色为黑色到白色（50%位置）再到黑色的线性渐变，如图18-23所示。

图 18-22 添加分割线素材

图 18-23 设置渐变色

04 为"分割线"图层组添加图层蒙版，并运用渐变工具从左至右填充图层蒙版，隐藏部分图像效果，并设置图层组的"不透明度"为60%，如图18-24所示。

05 设置前景色为黄色（RGB参数值为210、175、57），运用直线工具绘制一条"粗细"为2像素的直线，如图18-25所示。

图 18-24 设置图层组效果

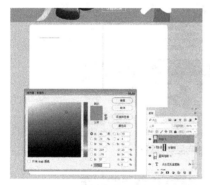

图 18-25 绘制直线

06 复制直线，将其拖曳至合适位置处，效果如图18-26所示。

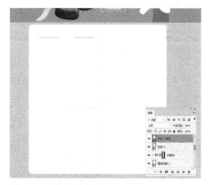

图 18-26 复制直线

07 运用横排文字工具在图像上输入相应文字，设置"字体"为"方正粗宋简体"，"字体大小"为6点，效果如图18-27所示。

图 18-27 输入相应文字

08 为文字图层添加"渐变叠加"图层样式，设置渐变色为浅黄色（RGB参数值为255、191、6）到金黄色（RGB参数值为214、130、40），并选中"反向"复选框，如图18-28所示。

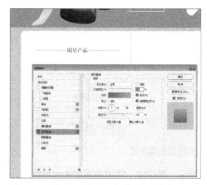

图 18-28 添加"渐变叠加"图层样式

09 为文字图层添加"投影"图层样式，设置"距离"为1像素，"大小"为1像素，效果如图18-29所示。

图 18-29 添加"投影"图层样式

10 选取工具箱中的自定形状工具，设置"形状"为

"皇冠1"，在文字上绘制皇冠形状，效果如图18-30所示。

图 18-30 绘制皇冠形状

11 复制文字图层的图层样式，并将其粘贴到皇冠形状图层上，效果如图18-31所示。

图 18-31 复制并粘贴图层样式

12 创建"标题栏"图层组，将相应图层拖曳到其中，如图18-32所示。

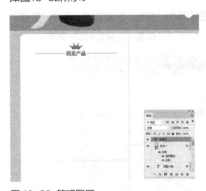

图 18-32 管理图层

13 打开"图像6.psd"素材图像，使用移动工具将素材图像拖曳至背景图像编辑窗口中的合适位置处，如图18-33所示。

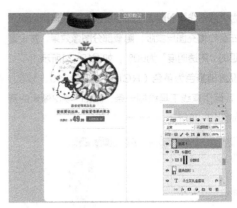

图 18-33 添加商品素材图像

14 用同样的方法添加其他商品素材图像，效果如图18-34所示。

图 18-34 添加商品素材图像

18.2.4 商品展示区效果的制作

下面为读者介绍食品店铺商品展示区的制作。

01 复制前面绘制的白色圆角矩形，并适当调整其位置和大小，如图18-35所示。

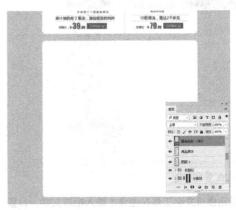

图 18-35 复制图形

02 设置前景色为黄色(RGB参数值为251、196、18),运用圆角矩形工具绘制一个圆角矩形,如图18-36所示。

03 运用横排文字工具在圆角矩形上输入相应文字,设置"字体"为"方正粗宋简体","字体大小"为12点,"颜色"为白色。为文字图层添加"投影"图层样式,设置"距离"与"大小"均为2像素,效果如图18-37所示。

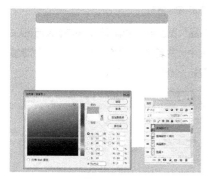

图 18-36 绘制圆角矩形形状

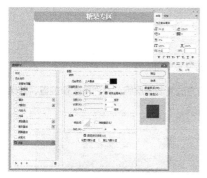

图 18-37 输入文字并设置图层样式

04 打开"图像8.psd"素材图像,使用移动工具将素材图像拖曳至背景图像编辑窗口中,并调整其大小和位置,如图18-38所示。

图 18-38 添加商品素材

05 使用横排文字工具输入相应文字,设置"字体"为"黑体","字体大小"为6点,"颜色"为红色(RGB参数值为255、75、116),如图18-39所示。

图 18-39 输入相应文字

06 使用横排文字工具在图像上输入相应文字,设置"字体"为"黑体","字体大小"为3.5点,"颜色"为黑色,效果如图18-40所示。

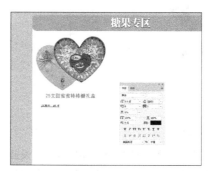

图 18-40 输入相应文字

07 选择文字"49.9",在"字符"面板中设置"字体"为"方正粗宋简体","颜色"为黄色(RGB参数值为249、158、79),设置"字体大小"分别为12点和9点,如图18-41所示。

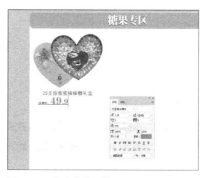

图 18-41 修改文字属性

08 打开"图像9.psd"素材图像,使用移动工具将素材图像拖曳至背景图像编辑窗口中的合适位置处,如图18-42所示。

图 18-42 添加符号素材

09 设置前景色为红色(RGB参数值为250、75、118),运用矩形工具绘制一个矩形,如图18-43所示。

图 18-43 绘制矩形

10 使用横排文字工具在图形上输入相应文字,设置"字体"为"黑体","字体大小"为5点,"颜色"为白色,效果如图18-44所示。

图 18-44 输入相应文字

11 打开"图像10.psd"素材图像,使用移动工具将素材图像拖曳至背景图像编辑窗口中的合适位置处,如图18-45所示。

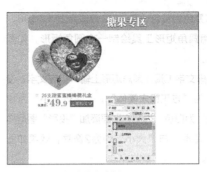

图 18-45 添加购物车素材

12 创建"商品"图层组,将前面制作的商品展示相关图层移动到其中,并复制该图层组,将复制后的图像移动至合适位置处,如图18-46所示。

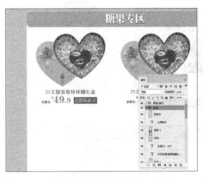

图 18-46 管理并复制图层组

13 用同样的方法复制图层组,并调整图像位置,效果如图18-47所示。

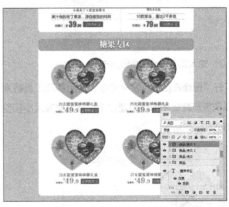

图 18-47 复制并调整图像位置

18.2.5 底部功能区效果的制作

下面为读者介绍食品店铺底部功能区的制作。

01 新建"图层7",运用椭圆选框工具创建一个圆形选区,并填充白色,如图18-48所示。

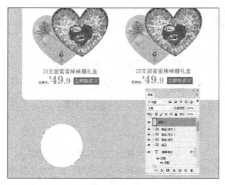

图 18-48 创建并填充选区

02 运用椭圆选框工具将选区向右移动至合适位置,并为选区填充黄色(RGB参数值为247、186、17),效果如图18-49所示。

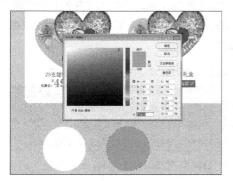

图 18-49 复制并填充选区

03 运用椭圆选框工具将选区继续向右移动至合适位置,为选区填充蓝色(RGB参数值为99、182、190),并取消选区,效果如图18-50所示。

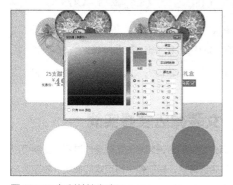

图 18-50 复制并填充选区

04 设置前景色为红色(RGB参数值为198、28、55),运用自定形状工具绘制一个"红心形卡"形状,效果如图18-51所示。

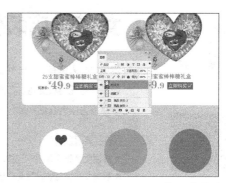

图 18-51 绘制"红心形卡"形状

05 运用横排文字工具在图形上输入相应文字,设置"字体"为"方正粗宋简体","字体大小"为6点,"行距"为6点,"颜色"为红色(RGB参数值为198、28、55),如图18-52所示。

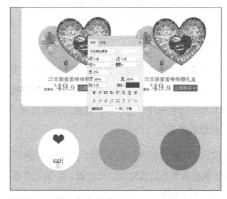

图 18-52 输入相应文字

06 打开"图像11.psd"素材图像,使用移动工具将素材图像拖曳至背景图像编辑窗口中的合适位置处,效果如图18-53所示。

图 18-53 添加素材图像

第 19 章 女装微店装修设计

爱美之心人皆有之,一件合适的服装,可以让人变得美丽动人,特别是女人,更需要服装来衬托出其美丽。在淘宝和天猫的众多网店中,女装商品是热门中的热门。本章将为读者介绍服装行业中,女装微店装修设计的具体流程和操作步骤。

扫码观看本章
实战操作视频

课堂学习目标

- 掌握女装微店首页欢迎模块效果的制作
- 掌握女装微店收藏区与广告海报效果的制作
- 掌握女装微店促销方案效果的制作
- 掌握女装微店的商品展示区效果的制作

19.1 了解女装微店设计布局与配色

女装是网店、微店上的热门销售商品,本案例将对服装行业中的女装微店设计进行分析和讲解。

1. 布局策划解析

本例是为某品牌的女装设计和制作的店铺首页,页面中使用了矩形进行布局和分割,体现出简约的风格特点,通过和谐的颜色来传递出宁静、精致的视觉效果。具体的制作思路如下。

- ◆ 欢迎模块:使用宽幅的画面作为欢迎模块的背景,将模特放在界面右侧黄金分割点位置,并使用广告文字进行修饰和美化,通过"早秋新款"来突显出商品的新潮,同时也突出了活动的内容。
- ◆ 促销方案:促销区采用红色作为主色调,突出促销方案的亮点,并将主要的促销内容通过底纹、图层样式等方式表现出来,让顾客一眼即可看到。
- ◆ 广告海报:用模特形象来展示热销商品的特点,让顾客更直观地了解商品,并通过画龙点睛的文字进行说明,详细地剖析商品的特点。
- ◆ 商品展示:在该区域使用4个大小一致的图像来对商品进行展示,使用图像和文字混排的方式来表现商品的信息,并利用适当的留白让商品的部分信息更加突出。

2. 主色调:白色

本例的页面背景采用简单的白色,宣传文字则采用模特衣服的颜色,通过调整明度和彩度来呈现出不同的感觉,这样的配色可以将女性服装的清新、自然之感淋漓尽致地表现出来。除此之外,辅助色使用了白色和纯度较高的红色等对页面进行修饰,赋予了画面生动感和活力感。

- 页面背景及商品配色:黑、白、灰、绿、浅棕等。

R0, G0, B0; C93, M88, Y89, K80
R131, G147, B108; C56, M37, Y63, K0
R218, G180, B160; C18, M34, Y35, K0
R249, G247, B250; C3, M4, Y1, K0
R255, G255, B255; C0, M0, Y0, K0

- 文字及欢迎模块配色:蓝、棕、橙红、灰蓝、灰黄等。

R47, G50, B83; C90, M87, Y52, K22
R127, G69, B47; C52, M78, Y87, K21
R205, G84, B62; C24, M80, Y77, K0
R187, G196, B205; C31, M20, Y16, K0
R221, G219, B199; C17, M13, Y24, K0

19.2 女装微店装修实战

本节介绍女装店铺装修的实战操作过程,主要可以分为制作店铺背景、导航条、首页欢迎模块、收藏区与促销方案、广告海报、商品展示区等几部分。本案例最终效果如图19-1所示。

图 19-1 最终效果

素材位置	素材 > 第 19 章 > 图像 1.jpg、图像 2.jpg、图像 3.jpg、图像 4.psd、图像 5.psd、图像 6.psd、图像 7.jpg、图像 8.jpg、图像 9.jpg、图像 10.jpg、图像 11.psd
效果位置	效果 > 第 19 章 > 女装微店装修设计.jpg、女装微店装修设计.psd
视频位置	视频 > 第 19 章 > 女装微店装修设计.mp4

19.2.1 店铺背景和导航条的制作

下面为读者介绍女装微店的店铺背景和导航条的制作。

01 单击"文件"|"新建"命令，弹出"新建文档"对话框，设置"名称"为"女装微店装修设计"，"宽度"为1440像素，"高度"为3200像素，"分辨率"为300像素/英寸，"颜色模式"为"RGB颜色"，"背景内容"为"白色"，如图19-2所示。单击"创建"按钮，新建一幅空白图像。

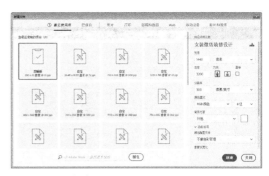

图 19-2 设置各选项

02 新建"图层1"，运用矩形选框工具创建一个矩形选区，如图19-3所示。

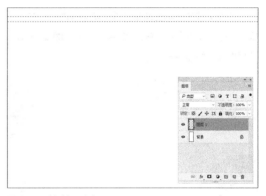

图 19-3 创建矩形选区

03 设置前景色为黑色，按【Alt+Delete】组合键，为选区填充前景色，如图19-4所示。

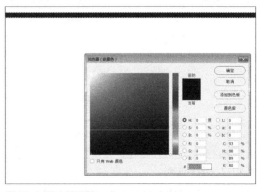

图 19-4 填充前景色

04 取消选区，选取工具箱中的横排文字工具，设置"字体"为"黑体"，"字体大小"为3.5点，"颜色"为白色，输入相应文字，如图19-5所示。

图 19-5 输入文字

19.2.2 首页欢迎模块效果的制作

下面为读者介绍女装微店首页欢迎模块的制作。

01 单击"文件"|"打开"命令,打开"图像1.jpg"素材图像,如图19-6所示。

图 19-6 打开素材图像

02 单击"图像"|"调整"|"亮度/对比度"命令,弹出"亮度/对比度"对话框,设置"亮度"为30,"对比度"为20,如图19-7所示,单击"确定"按钮。

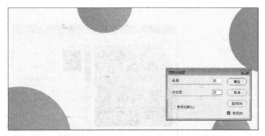

图 19-7 设置各选项

03 使用移动工具将素材图像拖曳至背景图像编辑窗口中的合适位置处,并适当调整大小,效果如图19-8所示。

04 单击"文件"|"打开"命令,打开"图像2.jpg"素材图像,如图19-9所示。

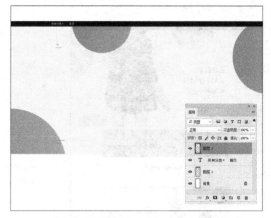

图 19-8 移动素材图像

图 19-9 打开素材图像

05 复制"背景"图层,得到"图层1",并隐藏"背景"图层,选取工具箱中的魔棒工具,在工具属性栏中设置"容差"为20,取消选中"连续"复选框,在图像背景空白区域单击,选中图像背景,如图19-10所示。

图 19-10 选中图像背景

06 按【Delete】键删除选区内的图像,取消选区,如图19-11所示。

19.2.3 促销方案效果的制作

下面为读者介绍女装微店促销方案的效果制作。

01 选取工具箱中的矩形工具,在工具属性栏中设置工具模式为"形状",在图像中绘制一个矩形,在弹出的"属性"面板中设置"宽度"为950像素,"高度"为200像素,X为250像素,Y为900像素,填充颜色为红色(RGB参数值为250、41、96),效果如图19-14所示。

图 19-11 取消选区

07 使用移动工具将其拖曳至背景图像编辑窗口中的合适位置处,如图19-12所示。

图 19-14 设置各选项

02 选取工具箱中的横排文字工具,在矩形中输入相应文字,设置"字体"为"方正综艺简体","字体大小"为15点,字距为100,"颜色"为白色。双击文字图层,弹出"图层样式"对话框,选中"投影"复选框,保持默认设置,单击"确定"按钮,添加图层样式,如图19-15所示。

图 19-12 拖曳图像

08 单击"文件"|"打开"命令,打开"图像3.jpg"素材图像,使用移动工具将其拖曳至背景图像编辑窗口中的合适位置处,如图19-13所示。

图 19-15 添加图层样式

03 打开"图像4.psd"素材图像,使用移动工具将其拖曳至背景图像编辑窗口中的合适位置处,如图19-16所示。

图 19-13 拖曳图像

图 19-16 拖曳图像

04 使用椭圆选框工具，在促销区图像上创建一个圆形选区。选取工具箱中的矩形选框工具，在工具属性栏中单击"从选区减去"按钮，在椭圆选区下方绘制矩形选区，减去相应的选区，如图19-17所示。

图 19-17 减选选区

05 新建图层，设置前景色为深红色（RGB参数值为202、4、57），为选区填充颜色并取消选区，如图19-18所示。

06 复制该图层两次，并调整图像至合适位置处，效果如图19-19所示。

图 19-18 取消选区

图 19-19 复制并移动图像

07 打开"图像5.psd"素材图像，使用移动工具将其拖曳至背景图像编辑窗口中的合适位置处，如图19-20所示。

图 19-20 拖曳图像

08 选取工具箱中的圆角矩形工具，在工具属性栏中设置工具模式为"形状"，在图像绘制一个半径为5的白色圆角矩形，如图19-21所示。

图 19-21 绘制圆角矩形

09 双击"圆角矩形1"图层,弹出"图层样式"对话框,选中"投影"复选框,保持默认设置,单击"确定"按钮,添加图层样式,效果如图19-22所示。

图 19-22 添加图层样式

10 选择相应文字图层,设置文字颜色为红色(RGB参数值为242、50、99),改变文字颜色,效果如图19-23所示。

图 19-23 改变文字颜色

11 选取工具箱中的自定形状工具,设置"形状"为"箭头6",填充颜色为红色(RGB参数值为242、50、99),绘制一个箭头形状,如图19-24所示。

图 19-24 绘制箭头形状

19.2.4 收藏区与广告海报效果的制作

下面为读者介绍女装微店收藏区与广告海报的效果制作。

01 打开"图像6.psd"素材图像,使用移动工具将其拖曳至背景图像编辑窗口中的合适位置处,如图19-25所示。

图 19-25 拖曳图像

02 选取工具箱中的自定形状工具,设置"形状"为"前进",绘制一个黑色的"前进"形状,如图19-26所示。

图 19-26 绘制形状

03 选取工具箱中的矩形工具,在"属性"面板中设置"填充"为浅灰色(RGB各项参数值均为245),"描边"为深灰色(RGB各项参数值均为160),"描边宽度"为0.10点,在图像上绘制一个相应大小的矩形,如图19-27所示。

图 19-27 绘制矩形

04 选取工具箱中的横排文字工具,设置"字体"为"黑体","字体大小"为6点,"颜色"为黑色,在矩形上输入相应文字,如图19-28所示。

05 打开"图像7.jpg"素材图像,使用移动工具将素材图像拖曳至背景图像编辑窗口中的合适位置处,如图19-29所示。

06 选取工具箱中的横排文字工具,设置"字体"为"Times New Roman","字体大小"为7点,"颜色"为红色(RGB参数值为255、0、0),在图像编辑窗口中适当位置输入相应文字,效果如图19-30所示。

图 19-28 输入文字

图 19-29 拖曳图像

图 19-30 输入文字

07 设置"字体"为"Times New Roman","字体大小"为11点,"颜色"为红色(RGB参数值为255、0、0),"行距"为12点,激活"仿粗体"按钮,在图像编辑窗口中的适当位置输入其他文字,如图19-31所示。

图 19-31 输入其他文字

19.2.5 商品展示区效果的制作

下面为读者介绍女装微店商品展示区的效果制作。

01 选取工具箱中的直线工具，在工具属性栏中设置工具模式为"路径"，在图像中的合适位置处绘制一条直线路径，如图19-32所示。

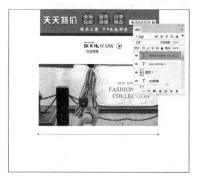

图 19-32 绘制路径

02 新建图层，打开"路径"面板，用鼠标右键单击工作路径，在弹出的快捷菜单中选择"描边路径"选项，如图19-33所示。

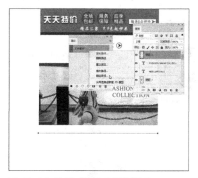

图 19-33 选择"描边路径"选项

03 弹出"描边路径"对话框，设置"工具"为"画笔"，如图19-34所示，单击"确定"按钮。

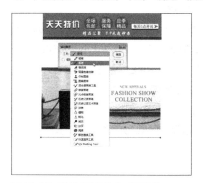

图 19-34 设置"工具"为"画笔"

04 隐藏工作路径，即可看到路径描边效果，如图19-35所示。

05 复制相应的文字图层，并调整其格式和位置，效果如图19-36所示。

图 19-35 描边路径

图 19-36 复制并调整文字

06 选取工具箱中的横排文字工具，设置"字体"为"黑体"，"字体大小"为6点，"颜色"为黑色，在图像编辑窗口中的适当位置输入相应文字，效果如图19-37所示。

图 19-37 输入文字

07 设置"字体"为"Times New Roman"，"字体

大小"为5点,"颜色"为黑色,运用横排文字工具在图像编辑窗口中的适当位置输入其他文字,效果如图19-38所示。

图 19-38 输入文字

08 复制"图层8",将复制的图像调整至合适的位置处,效果如图19-39所示。

图 19-39 复制并调整图像

09 打开"图像8.jpg"素材图像,使用移动工具将素材图像拖曳至背景图像编辑窗口中的合适位置处,效果如图19-40所示。

图 19-40 拖曳图像

10 打开"图像9.jpg"素材图像,使用移动工具将素材图像拖曳至背景图像编辑窗口中的合适位置处,效果如图19-41所示。

图 19-41 拖曳图像

11 使用同样的方法,添加其他商品素材图像,并调整位置,如图19-42所示。

图 19-42 拖曳并调整图像

12 选取工具箱中的横排文字工具,设置"字体"为"Times New Roman","字体大小"为5点,"颜色"为黑色,在图像编辑窗口中的适当位置输入相应文字,效果如图19-43所示。

13 选中相应的文字,单击"字符"面板中的"删除线"按钮,添加删除线效果,如图19-44所示。

图 19-43 输入文字

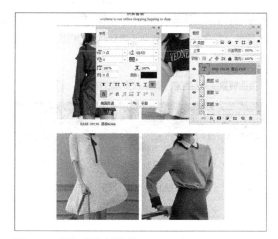

图 19-44 添加"删除线"效果

14 复制该文字图层,适当调整其位置,并修改内容,效果如图19-45所示。

图 19-45 修改文本内容

15 用同样的方法,复制文字图层并适当调整其位置,修改文本内容,效果如图19-46所示。

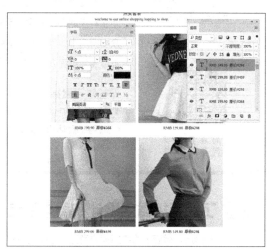

图 19-46 修改文本内容

> **专家指点**
>
> 对文字进行艺术化处理是 Photoshop 的强项之一。Photoshop 中的文字是以数学方式定义的形状组成的,在将文字栅格化之前,Photoshop 会保留基于矢量的文字轮廓,可以任意缩放文字或调整文字大小而不会产生锯齿。除此之外,用户还可以通过处理文字的外形为文字赋予质感、使其具有立体效果等,创作出极具艺术特色的文字。

第20章 手机微店装修设计

随着科技的飞速发展,手机已经是与我们生活密切相关的一个物品。在淘宝和天猫的众多网店中,手机类电子商品是热门。

本章将为读者介绍手机微店装修设计的具体流程和操作步骤。

课堂学习目标
- 掌握手机微店的背景和店招效果的制作方法
- 掌握手机微店的首页欢迎模块效果的制作方法
- 掌握手机微店的商品展示区效果的制作方法
- 掌握手机微店的单品简介区效果的制作方法

扫码观看本章实战操作视频

20.1 了解手机微店设计布局与配色

手机是网店、微店上的热门销售商品,本案例将对电子行业中的手机微店设计进行实战分析和讲解。

1. 布局策划解析

本例是为手机数码产品设计和制作的店铺首页,黑、白、灰作为画面的主色调,利用简单的矩形图形来对画面进行分割,具体的制作思路如下。

- **店招与导航**:在店招中对店铺Logo、店铺特色与店铺的主要业务进行展示,直截了当地突出店铺的主题。导航区使用简单的黑色底纹加白色文字,对比明显。
- **欢迎模块**:通过加框的宣传文字,并搭配色彩分明的背景和商品图片,重点表现出店铺的销售内容和渠道。
- **商品展示区**:采用瀑布流式布局,视觉表现为参差不齐的多栏布局,随着页面滚动条向下滚动,将美妙精彩的商品图像呈现在顾客眼前。
- **单品简介区**:通过不同色彩的单品展示区,突出不同商品的特色,并搭配简单的商品特色文案,以及相关的商品链接,让顾客更容易了解商品并购买商品。

2. 主色调:黑、白、灰

本例在设计的过程中,使用了黑白灰3种颜色对画面进行分割,色相从暖色逐渐过渡到冷色,给人一种自然的渐变效果,带来一种视觉上的色彩变换感,也营造出一种韵律。在文字及商品的配色中,参考了页面背景的颜色,使用了冷色调和明度较暗的颜色进行搭配,给人理智、专业的感觉,有助于提升商品的档次,表现出商品的品质。

● 页面背景及商品配色:黑白灰多层次搭配。

R33, G33, B33; C83, M78, Y77, K60
R119, G119, B119; C62, M52, Y50, K1
R191, G191, B191; C25, M19, Y18, K0
R247, G247, B247; C4, M3, Y3, K0
R255, G255, B255; C0, M0, Y0, K0

● 文字及欢迎模块配色:蓝黄紫。

R88, G102, B201; C76, M62, Y0, K0
R208, G226, B250; C25, M7, Y0, K0
R218, G243, B247; C22, M0, Y7, K0
R242, G236, B187; C8, M7, Y34, K0
R216, G196, B246; C17, M27, Y0, K0

20.2 手机微店装修实战

本节介绍手机店铺装修的实战操作过程,主要可以分为制作店铺背景和店招、首页欢迎模块、商品展示区、单品简介区等部分。本案例最终效果如图20-1所示。

第 20 章 手机微店装修设计

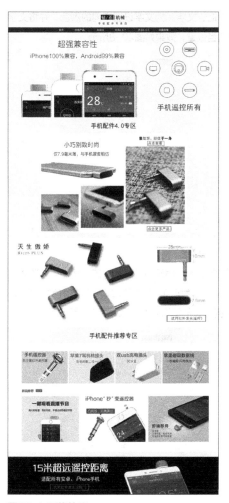

图 20-1 最终效果

素材位置	素材＞第 20 章＞图像 1.psd、图像 2.jpg、图像 3.jpg、图像 4.jpg、图像 5.jpg、图像 6.jpg、图像 7.jpg、图像 8.jpg、图像 9.psd、图像 10.jpg、图像 11.psd、图像 12.psd
效果位置	效果＞第 20 章＞手机微店装修设计 .jpg、手机微店装修设计 .psd
视频位置	视频＞第 20 章＞手机微店装修设计 .mp4

20.2.1 背景和店招效果的制作

下面为读者介绍手机微店背景和店招的制作。

01 单击"文件"|"新建"命令，弹出"新建文档"对话框，设置"名称"为"手机微店装修设计"，"宽度"为1440像素，"高度"为3200像素，"分辨率"为300像素/英寸，"颜色模式"为"RGB颜色"，"背景内容"为"白色"，如图20-2所示。单击"创建"按钮，新建一幅空白图像。

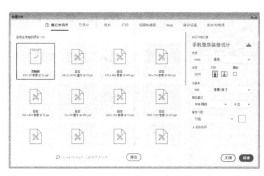

图 20-2 设置各选项

02 设置前景色为浅灰色（RGB各项参数值均为247），按【Alt＋Delete】组合键，为"背景"图层填充前景色，如图20-3所示。

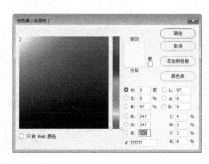

图 20-3 填充前景色

03 使用矩形工具在图像上方绘制一个矩形路径，在"属性"面板中设置W为87像素、H为33像素、X为634像素、Y为18像素，如图20-4所示。

图 20-4 绘制矩形路径

217

图 20-5 单击"将路径作为选区载入"按钮

04 在"路径"面板中单击"将路径作为选区载入"按钮,如图20-5所示,将路径转换为选区。

05 新建"图层1",设置前景色为黑色(RGB各项参数值均为0),按【Alt+Delete】组合键,为选区填充前景色,并取消选区,如图20-6所示。

图 20-6 填充选区

06 在图像上输入相应的文字,设置"字体"为黑体,字体大小"为7点,字距为100,如图20-7所示。

图 20-7 输入文字

07 选中相应文字,为文字设置不同的颜色,并将文字移动到适当位置,效果如图20-8所示。

图 20-8 设置文字颜色

08 在图像上输入相应的文字,设置"字体"为黑体,"字体大小"为4点,字距为800,"颜色"为黑色(RGB各项参数值均为0),如图20-9所示。

图 20-9 输入其他文字

09 打开"图像1.psd"素材图像,使用移动工具将其拖曳至背景图像编辑窗口中的合适位置处,如图20-10所示。

图 20-10 添加导航条素材

20.2.2 首页欢迎模块效果的制作

下面为读者介绍手机微店首页欢迎模块的制作。

01 单击"文件"|"打开"命令,打开"图像2.jpg"素材图像,如图20-11所示。

图 20-11 打开素材图像

02 单击"图像"|"调整"|"亮度/对比度"命令,弹出"亮度/对比度"对话框,设置"亮度"为15,"对比度"为3,单击"确定"按钮,效果如图20-12所示。

图 20-12 调整亮度/对比度

03 使用移动工具将素材图像拖曳至背景图像编辑窗口中的合适位置处,并适当调整大小,效果如图20-13所示。

图 20-13 移动素材图像

04 使用横排文字工具在图像上输入相应的文字,设置"字体"为黑体,"字体大小"为12点,"颜色"为深灰色(RGB各项参数值均为65),如图20-14所示。

图 20-14 输入相应文字

05 双击文字图层,弹出图层样式对话框,选中"描边"复选框,设置"大小"为3像素,"颜色"为白色(RGB各项参数值均为255),如图20-15所示。

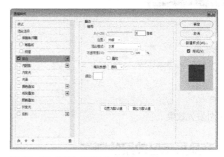

图 20-15 设置"描边"选项

06 单击"确定"按钮,即可添加描边效果,如图20-16所示。

图 20-16 描边效果

07 双击文字图层，弹出"图层样式"对话框，选中外发光复选框，保持默认参数设置，如图20-17所示。

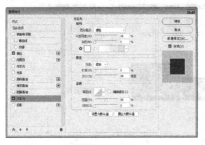

图 20-17 设置"外发光"选项

08 单击"确定"按钮，即可添加外发光效果，如图20-18所示。

图 20-18 外发光效果

20.2.3 商品展示区效果的制作

下面为读者介绍手机微店商品展示区的效果制作。

01 运用横排文字工具输入相应文字，设置"字体"为黑体，"字体大小"为10点，"颜色"为黑色（RGB各项参数值均为0），效果如图20-19所示。

图 20-19 输入相应文字

02 新建"图层4"，使用矩形选框工具创建一个矩形选区，如图20-20所示。

03 为选区填充白色并取消选区，如图20-21所示。

图 20-20 创建矩形选区

图 20-21 为选区填充白色

04 打开"图像6.jpg"素材图像，使用移动工具将素材图像拖曳至背景图像编辑窗口中的合适位置处，效果如图20-22所示。

05 使用横排文字工具在图像上输入相应的文字，设置"字体"为"方正大黑简体"，"字体大小"为6点，"颜色"为黑色（RGB各项参数值均为0），如图20-23所示。

06 选择相应的文字，设置"字体"为"黑体"，"颜色"为深灰色（RGB参数值为100、97、97），效果如图20-24所示。

第 20 章 手机微店装修设计

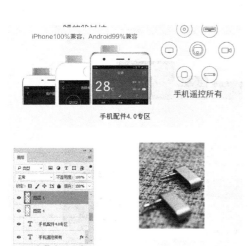

图 20-22 添加商品素材

图 20-23 输入文字

07 使用横排文字工具在图像上输入相应的文字，设置"字体"为"黑体"，"字体大小"为6点，"颜色"为红色（RGB参数值为207、29、29），如图20-25所示。

图 20-25 输入文字

08 选取工具箱中的矩形选框工具，在文字周围创建一个矩形选区，并新建"图层6"，如图20-26所示。

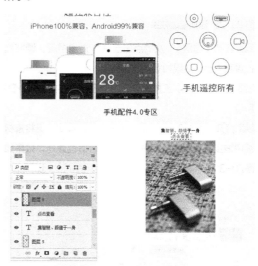

图 20-26 创建选区与图层

09 单击"编辑"|"描边"命令，弹出"描边"对话框，设置"宽度"为2像素，"颜色"为红色（RGB参数值为207、29、29），效果如图20-27所示。

图 20-24 设置字符属性

221

图 20-27 设置描边属性

10 单击"确定"按钮,即可添加描边效果,并取消选区,如图20-28所示。

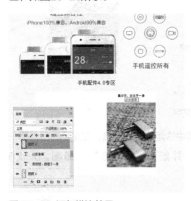

图 20-28 添加描边效果

11 复制"图层6"及"点击查看"文字图层,调整其位置和大小,效果如图20-29所示。

12 使用横排文字工具修改文字内容,效果如图20-30所示。

13 打开"图像3.jpg"素材图像,使用移动工具将素材图像拖曳至背景图像编辑窗口中的合适位置处,效果如图20-31所示。

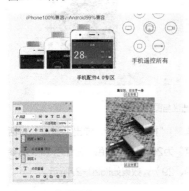

图 20-29 复制图像

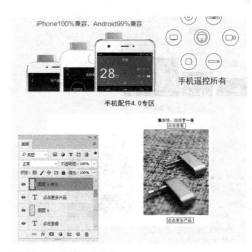

图 20-30 修改文字内容

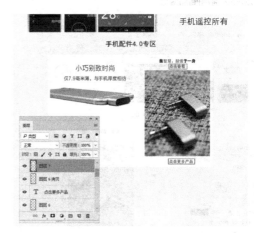

图 20-31 添加商品图片

14 使用同样的方法,添加其他商品素材图像,效果如图20-32所示。

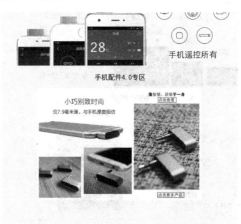

图 20-32 添加其他商品素材图像

20.2.4 单品简介区效果的制作

下面为读者介绍手机微店单品简介区的效果制作。

01 新建"图层10",创建一个矩形选区,如图20-33所示。

图 20-35 拖曳图像

图 20-33 创建图层与矩形选区

02 为选区填充白色并取消选区,如图20-34所示。

03 打开"图像7.jpg"素材图像,使用移动工具将素材图像拖曳至背景图像编辑窗口中的合适位置处,如图20-35所示。

04 选择工具箱中的魔棒工具,在工具属性栏中设置"容差"为5,选中白色背景区域,如图20-36所示。

图 20-36 创建选区

05 按【Delete】键删除选区内的图像,取消选区,将商品图片调整至合适位置处,如图20-37所示。

图 20-34 填充白色

图 20-37 抠图并调整图像位置

06 适当调整图像的大小,效果如图20-38所示。

图 20-38 调整图像的大小

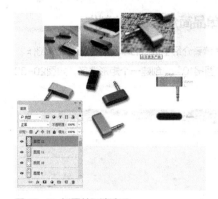

图 20-41 抠图并取消选区

07 打开"图像8.jpg"素材图像,使用移动工具将素材图像拖曳至背景图像编辑窗口中的合适位置处,如图20-39所示。

10 打开"图像9.psd"素材图像,使用移动工具将素材图像拖曳至背景图像编辑窗口中的合适位置处,效果如图20-42所示。

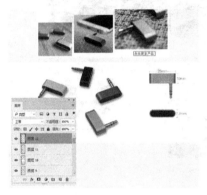

图 20-39 拖曳图像

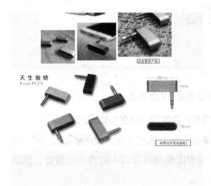

图 20-42 添加文字素材

08 选择相应的图层,选择工具箱中的魔棒工具,在工具属性栏中设置"容差"为1,选中白色背景区域,效果如图20-40所示。

20.2.5 商品推荐专区效果的制作

下面为读者介绍手机微店商品推荐专区的效果制作。

09 按【Delete】键删除选区中的图像,并取消选区,效果如图20-41所示。

01 复制相应的文字图层,并调整其位置和内容,如图20-43所示。

图 20-40 创建选区

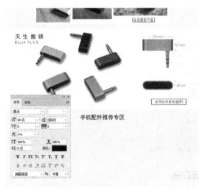

图 20-43 复制并修改文字

02 打开"图像10.jpg"素材图像,使用移动工具将素材图像拖曳至背景图像编辑窗口中的合适位置处,如图20-44所示。

03 新建"图层14",创建矩形选区,并填充黑色,取消选区,如图20-45所示。

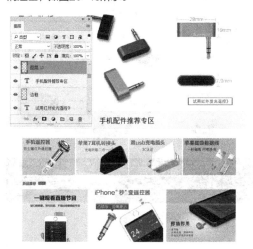

图 20-44 添加素材图像

图 20-45 填充黑色

04 单击"滤镜"|"杂色"|"添加杂色"命令,弹出"添加杂色"对话框,设置"数量"为15%,"分布"为"高斯模糊",选中"单色"复选框,单击"确定"按钮,效果如图20-46所示。

05 打开"图像11.psd"素材图像,使用移动工具将素材图像拖曳至背景图像编辑窗口中的合适位置处,如图20-47所示。

06 双击"图层15",弹出"图层样式"对话框,选中"投影"复选框,设置"不透明度"为75%,"角度"为120°,"距离"为30像素,"扩展"为5%,"大小"为50像素,如图20-48所示。

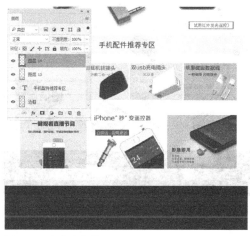

图 20-46 添加杂色效果

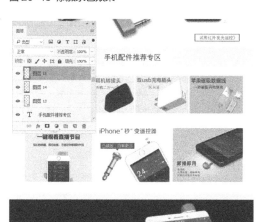

图 20-47 添加商品素材

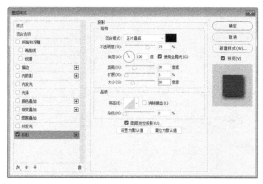

图 20-48 设置各选项

07 单击"确定"按钮,即可添加"投影"图层样式,效果如图20-49所示。

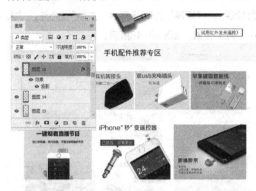

图 20-49 添加"投影"图层样式

08 打开"图像12.psd"素材图像,使用移动工具将素材图像拖曳至背景图像编辑窗口中的合适位置处,效果如图20-50所示。

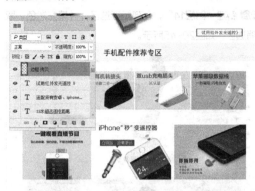

图 20-50 添加素材图像

第 21 章 饰品店铺装修设计

饰品行业是淘宝的热门行业，各式的饰品也是装点生活的必需物品。在淘宝、天猫的众多网店以及各种店铺平台中，饰品类商品是热门商品。

本章将为读者介绍饰品店铺装修设计的具体流程和操作步骤。

课堂学习目标

- 掌握饰品店铺的店招和导航效果的制作方法
- 掌握饰品店铺的促销方案效果的制作方法
- 掌握饰品店铺的首页欢迎模块效果的制作方法
- 掌握饰品店铺的商品展示区效果的制作方法

扫码观看本章
实战操作视频

21.1 了解饰品店铺设计布局与配色

饰品是淘宝、天猫网店和手机店铺上的热门商品。本案例将对饰品店铺设计进行分析和讲解。

1. 布局策划解析

本例是为饰品店铺所设计的店铺首页，在创作的过程中根据饰品的材质来选择素材，并根据素材来调整画面的配色，创作出清新自然的效果，具体的制作思路如下。

◆ 欢迎模块：欢迎模块中使用了明度较高的高雅浅咖色作为背景，将模特图像融入其中，把文字放在画面的左侧，制作出饱满、丰富的画面效果，让顾客感受到商品的整体风格和形象。

◆ 促销方案：促销方案中使用佩戴商品的模特写真图像作为背景，将文字与模特叠加在一起，自然的组合让商品显得更加优雅、大气。

◆ 商品展示区：该区域都是通过一个标题栏搭配6张小图来完成布局的，让顾客先找到该类别商品的具体位置，再利用6张小图来逐一呈现商品的内容，提升顾客的阅读体验。

2. 主色调：低纯度咖色色调

本案例在对设计元素进行配色时，主要使用了不同明度的咖色作为主色调，红色、黑色、灰色、白色作为配色起到点缀作用。咖色系列能够给人带来优雅、朦胧的感觉，大面积使用咖色可以奠定画面整体干净、飘逸、安静、优雅的感觉，这是与饰品的功能相一致的。

- 页面背景及设计元素配色：不同层次的黑白色系。

| R91，G88，B88；C71，M64，Y61，K14 |
| R144，G144，B144；C50，M41，Y39，K0 |
| R229，G216，B212；C12，M17，Y15，K0 |
| R240，G240，B240；C7，M5，Y5，K0 |
| R255，G255，B255；C0，M0，Y0，K0 |

- 商品及商品背景配色：暖色和中性色。

| R182，G85，B46；C36，M78，Y91，K1 |
| R199，G0，B21；C28，M100，Y100，K1 |
| R224，G0，B0；C14，M99，Y100，K0 |
| R251，G234，B227；C2，M12，Y10，K0 |
| R250，G230，B155；C6，M12，Y47，K0 |

21.2 饰品店铺装修实战

本节介绍饰品店铺装修的实战操作过程，主要可以分为店招和导航、首页欢迎模块、促销方案、商品展示区等部分。本案例最终效果如图21-1所示。

综合实战篇

图 21-1 最终效果

素材位置	素材 > 第 21 章 > 图像 1.psd、图像 2.psd、图像 3.jpg、图像 4.jpg、图像 5.psd、图像 6.jpg、图像 7.psd、图像 8.jpg、图像 9.jpg
效果位置	效果 > 第 21 章 > 饰品店铺装修设计 .jpg、饰品店铺装修设计 .psd
视频位置	视频 > 第 21 章 > 饰品店铺装修设计 .mp4

21.2.1 店招和导航效果的制作

下面为读者介绍饰品店铺店招和导航的制作。

01 按【Ctrl + N】组合键,弹出"新建文档"对话框,设置"名称"为"饰品微店装修设计","宽度"为1440像素,"高度"为3200像素,"分辨率"为300像素/英寸,"颜色模式"为"RGB颜色","背景内容"为"白色",如图21-2所示。单击"创建"按钮,新建一个空白图像。

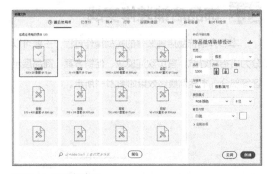

图 21-2 设置各选项

02 单击工具箱底部的前景色色块,弹出"拾色器(前景色)"对话框,设置RGB各项参数值均为240,如图21-3所示。单击"确定"按钮,即可设置前景色。

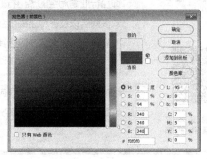

图 21-3 设置前景色

03 按【Alt + Delete】组合键,为"背景"图层填充前景色,如图21-4所示。

图 21-4 填充背景

04 在"图层"面板下方单击"创建新图层"按钮,新建"图层1",在工具箱中选取矩形选框工具,在顶端创建一个矩形选区,如图21-5所示。

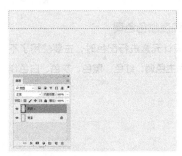

图 21-5 创建矩形选区

05 单击工具箱底部的前景色色块,弹出"拾色器(前景色)"对话框,设置RGB各项参数值均为255,如图21-6所示。

图 21-6 设置前景色

06 按【Alt+Delete】组合键,为矩形选区填充前景色,按【Ctrl+D】组合键取消选区,如图21-7所示。

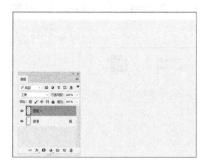

图 21-7 为选区填充前景色

07 按【Ctrl+O】组合键,打开"图像1.psd"素材图像,在工具箱中选取移动工具,将素材图像拖曳至背景图像编辑窗口中,并调整素材图像的位置,效果如图21-8所示。

图 21-8 添加 Logo 素材图像

08 在工具箱中选取横排文字工具,设置"字体"为"方正大黑简体","字体大小"为11点,"颜色"为红色(RGB参数值为199、0、21),并输入文字,如图21-9所示。

图 21-9 输入文字

09 按【Ctrl+Enter】组合键确认输入,切换至移动工具,根据需要调整文字的位置,效果如图21-10所示。

10 双击文字图层,弹出"图层样式"对话框,选中"描边"复选框,设置"大小"为3像素,"颜色"为白色,如图21-11所示。

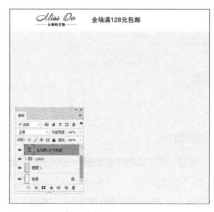

图 21-10 调整文字位置

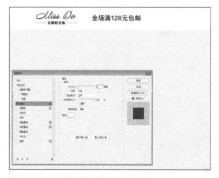

图 21-11 设置"描边"图层样式

11 选中"投影"复选框,保持默认设置,如图21-12所示。

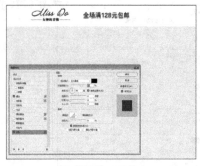

图 21-12 设置"投影"图层样式

⓬ 单击"确定"按钮,即可添加相应的图层样式,效果如图21-13所示。

图 21-13 添加图层样式

⓭ 新建一个图层,在工具箱中选取横排文字工具,设置"字体"为"微软雅黑","字体大小"为4点,"颜色"为黑色(RGB各项参数值均为0),并输入文字,效果如图21-14所示。

图 21-14 设置参数

⓮ 按【Ctrl+Enter】组合键确认输入,切换至移动工具,根据需要调整文字的位置,效果如图21-15所示。

图 21-15 输入并调整文字

⓯ 按【Ctrl+O】组合键,打开"图像2.psd"素材图像,在工具箱中选取移动工具,将素材图像拖曳至背景图像编辑窗口中,并调整图像的大小和位置,效果如图21-16所示。

图 21-16 添加收藏素材图像

⓰ 在"图层"面板下方单击"创建新图层"按钮,新建"图层2",在工具箱中选取矩形选框工具,在店招下方的合适位置创建一个矩形选区,如图21-17所示。

图 21-17 创建矩形选区

17 单击工具箱底部的前景色色块,弹出"拾色器(前景色)"对话框,设置RGB各项参数值均为144,如图21-18所示。

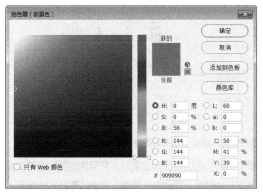

图 21-18 设置前景色

18 按【Alt+Delete】组合键,为矩形选区填充前景色,按【Ctrl+D】组合键取消选区,如图21-19所示。

图 21-19 填充前景色

19 在工具箱中选取横排文字工具,设置"字体"为"黑体","字体大小"为3.8点,"颜色"为白色(RGB各项参数值均为255),激活"仿粗体"按钮,并输入文字,如图21-20所示。

20 选中相应文字,修改颜色(RGB参数值为199、0、21),按【Ctrl+Enter】组合键确认输入,切换至移动工具,根据需要调整文字的位置,店招和导航的效果如图21-21所示。

图 21-20 输入文字

图 21-21 店招和导航效果

21.2.2 首页欢迎模块效果的制作

下面为读者介绍饰品店铺首页欢迎模块的制作。

01 按【Ctrl+O】组合键,打开"图像3.jpg"素材图像,在工具箱中选取移动工具,将素材图像拖曳至背景图像编辑窗口中,并调整图像的大小和位置,效果如图21-22所示。

图 21-22 添加背景素材图像

02 单击"图像"|"调整"|"亮度/对比度"命令，弹出"亮度/对比度"对话框，设置"亮度"为60，"对比度"为20，单击"确定"按钮，即可调整素材图像的亮度和对比度，效果如图21-23所示。

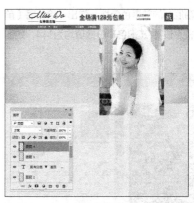

图 21-25 添加人物素材图像

05 为人物图层添加图层蒙版，并运用黑色的画笔工具适当涂抹图像，隐藏部分图像，效果如图21-26所示。

图 21-23 调整亮度和对比度

03 单击"图像"|"调整"|"自然饱和度"命令，弹出"自然饱和度"对话框，设置"自然饱和度"为50，"饱和度"为35，单击"确定"按钮，即可调整素材图像的自然饱和度，效果如图21-24所示。

图 21-26 隐藏部分图像

06 在工具箱中选取圆角矩形工具，设置"填充"为白色（RGB各项参数值均为255），"半径"为5像素，在图像编辑窗口中的合适位置绘制一个圆角矩形，效果如图21-27所示。

图 21-24 调整图像饱和度

04 按【Ctrl+O】组合键，打开"图像4.jpg"素材图像，在工具箱中选取移动工具，将素材图像拖曳至背景图像编辑窗口中，并调整图像的大小和位置，效果如图21-25所示。

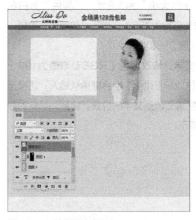

图 21-27 绘制圆角矩形

07 在"图层"面板中设置"圆角矩形1"图层的"不透明度"为15%,效果如图21-28所示。

图 21-28 调整图层的不透明度

08 按【Ctrl+O】组合键,打开"图像5.psd"素材图像,在工具箱中选取移动工具,选择"文字2"图层组,将素材图像拖曳至"饰品微店装修设计"图像编辑窗口中,效果如图21-29所示。

图 21-29 添加文字素材图像

09 适当调整图像的位置,即可完成首页欢迎模块的制作,效果如图21-30所示。

图 21-30 首页欢迎模块效果

21.2.3 促销方案的效果的制作

下面为读者介绍饰品微店促销方案效果的制作。

01 按【Ctrl+O】组合键,打开"图像6.jpg"素材图像,在工具箱中选取移动工具,选择相应的图层,将素材图像拖曳至背景图像编辑窗口中,并调整图像的大小和位置,效果如图21-31所示。

图 21-31 添加人物素材图像

02 单击"图像"|"调整"|"亮度/对比度"命令,弹出"亮度/对比度"对话框,设置"亮度"为6,"对比度"为-7,单击"确定"按钮,即可调整素材图像的亮度和对比度,效果如图21-32所示。

图 21-32 调整亮度和对比度

03 按【Ctrl+O】组合键,打开"图像7.psd"素材图像,如图21-33所示。

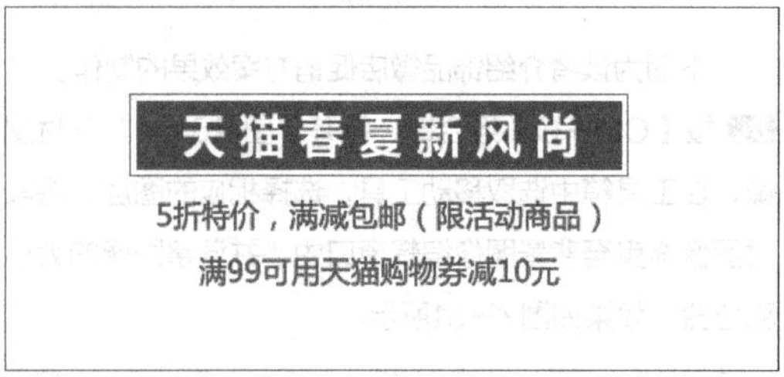

图 21-33 打开素材图像

04 在工具箱中选取移动工具,将编组图层的图像拖曳至背景图像编辑窗口中,并调整图像位置,效果如图21-34所示。

图 21-34 添加文字素材图像

05 在工具箱中选取矩形工具,设置"填充"为黑色(RGB各项参数值均为0),在图像编辑窗口中的合适位置绘制一个矩形,效果如图21-35所示。

图 21-35 绘制矩形

06 在"图层"面板中设置图层的"不透明度"为50%,效果如图21-36所示。

图 21-36 调整图层的不透明度

07 在工具箱中选取横排文字工具,设置"字体"为"黑体","字体大小"为4点,"颜色"为白色(RGB各项参数值均为255),并输入文字,如图21-37所示。

08 选中相应文字,设置"颜色"为黄色(RGB参数值为255、234、0),切换至移动工具,根据需要调整文字的位置，促销方案效果如图21-38所示。

图21-37 输入文字

图21-38 促销方案效果

21.2.4 商品展示区1效果的制作

下面为读者介绍饰品店铺的商品展示区1效果的制作。

01 在工具箱中选取矩形工具，设置"填充"为白色（RGB各项参数值均为255），在图像编辑窗口中的合适位置绘制一个矩形，效果如图21-39所示。

图21-39 绘制矩形

02 双击矩形图层，弹出"图层样式"对话框，选中"投影"复选框，设置"距离"为2像素，"大小"为2像素，如图21-40所示。

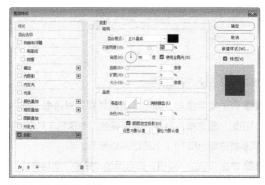

图21-40 设置各参数

03 单击"确定"按钮，即可添加"投影"图层样式，如图21-41所示。

04 在工具箱中选取横排文字工具，设置"字体"为"微软雅黑"，"字体样式"为Bold，"字体大小"为12点，"颜色"为红色（RGB参数值为199、0、21），输入文字，按【Ctrl+Enter】组合键确认输入，切换至移动工具，根据需要调整文字的位置，效果如图21-42所示。

图 21-41 添加"投影"图层样式

图 21-42 输入并调整文字

05 双击文字图层,弹出"图层样式"对话框,选中"投影"复选框,设置"阴影颜色"为灰色(RGB各项参数值均为157),如图21-43所示。

06 单击"确定"按钮,即可添加"投影"图层样式,效果如图21-44所示。

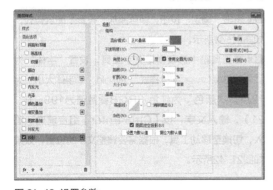

图 21-43 设置参数

图 21-44 添加"投影"图层样式

07 在"图层"面板下方单击"创建新图层"按钮,新建"图层6",在工具箱中选取矩形选框工具,在图像编辑窗口中的合适位置创建一个矩形选区,如图21-45所示。

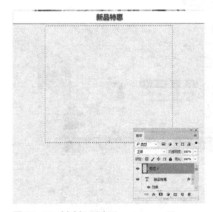

图 21-45 创建矩形选区

08 设置前景色为白色(RGB各项参数值均为255),为选区填充前景色,并取消选区,如图21-46所示。

图 21-46 为选区填充前景色

09 按【Ctrl+O】组合键，打开"图像8.jpg"素材图像，如图21-47所示。

图21-47 打开素材图像

10 在工具箱中选取移动工具，将素材图像拖曳至背景图像编辑窗口中，并调整图像的大小和位置，如图21-48所示。

图21-48 添加人物素材图像

11 在工具箱中选取横排文字工具，设置"字体"为"微软雅黑"，"字体大小"为5点，"行距"为10点，"颜色"为黑色，并输入文字，将英文与数字的字体改为Arial，如图21-49所示。

图21-49 输入文字

12 在"段落"面板中，单击"居中对齐文本"按钮，按【Ctrl+Enter】组合键确认输入，切换至移动工具，根据需要调整文字的位置，如图21-50所示。

图21-50 调整文字的位置

13 设置英文及折后价格的"字体样式"为Bold，并激活"仿粗体"按钮，折后价格的"字体大小"为8点，"颜色"为红色（RGB参数值为199、0、21），如图21-51所示。

图21-51 修改字符属性

14 选中原价，添加"删除线"字符样式，效果如图21-52所示。

图21-52 修改字符属性

15 新建"商品01"图层组,将人物素材图片与价格文字图层添加到图层组中,如图21-53所示。

图 21-53 新建"商品01"图层组

16 按【Ctrl+J】组合键,复制图层组,并适当调整其位置,如图21-54所示。

图 21-54 复制图层组

17 继续复制多个图层组,适当调整其位置,商品展示区1的效果如图21-55所示。

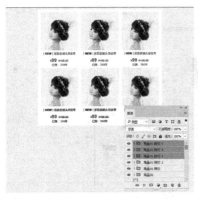

图 21-55 商品展示区1的效果

21.2.5 商品展示区2效果的制作

下面为读者介绍饰品店铺商品展示区2的制作。

01 在"图层"面板中同时选中"矩形2"和"新品特惠"文字图层,如图21-56所示。

图 21-56 选中图层

02 按【Ctrl+J】组合键,复制图层并调整至商品展示区1下方的合适位置,修改文字图层中的文字,如图21-57所示。

图 21-57 复制图层并修改文字

03 选中"图层6",按【Ctrl+J】组合键复制图层,得到"图层6拷贝"图层,将其拖曳至合适的位置,如图21-58所示。

图 21-58 复制并调整图层位置

04 按【Ctrl+O】组合键,打开"图像9.jpg"素材图像,如图21-59所示。

图 21-59 打开素材图像

05 在工具箱中选取移动工具,将素材图像拖曳至背景图像编辑窗口中,并调整图像的大小和位置,如图21-60所示。

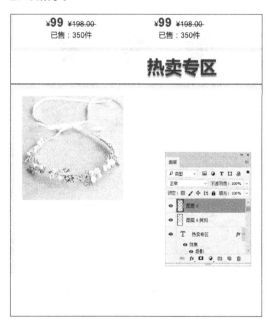

图 21-60 调整图像的大小和位置

06 选中"商品01"编组图层中的文字图层,按【Ctrl+J】组合键复制图层,调整图层顺序并将其拖曳至合适的位置,如图21-61所示。

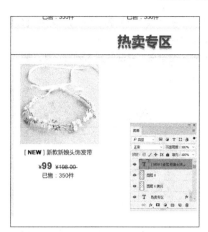

图 21-61 复制并调整图层位置

07 在工具箱中选取横排文字工具,修改文字内容,效果如图21-62所示。

08 新建"商品02"图层组,将商品素材图片与价格文字图层添加到图层组中,如图21-63所示。

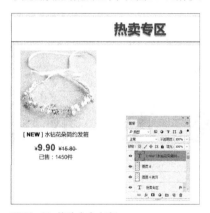

图 21-62 修改文字内容

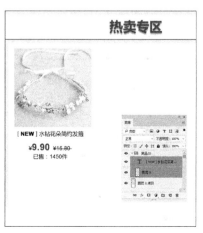

图 21-63 新建"商品02"图层组

09 按【Ctrl+J】组合键,复制图层组,并适当调整其位置,如图21-64所示。

10 继续复制多个图层组,并调整各个图层组的位置,效果如图21-65所示。

11 在"图层"面板中选择相应图层组,单击工具属性栏上的"顶对齐"按钮,即可对齐图层组,如图21-66所示。

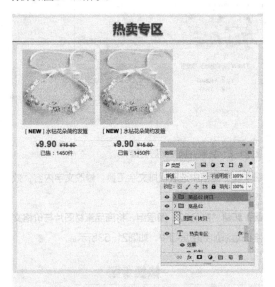

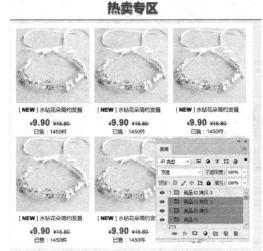

图 21-66 对齐图层组

12 用同样的方法对齐其他图层组,商品展示区2的效果如图21-67所示。

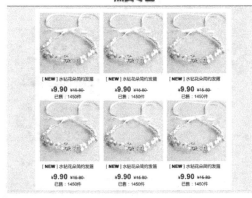

图 21-67 商品展示区 2 的效果

图 21-64 复制图层组

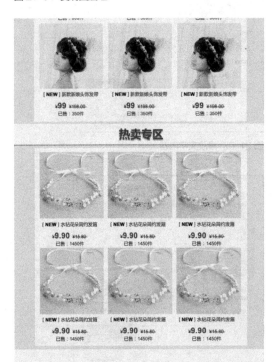

图 21-65 复制多个图层组